abschalten & auftanken

Dr. Norman Schmid

abschalten & auftanken

52 Übungen für Achtsamkeit & Co.

maudrich

Dr. Norman Schmid
Klinischer- und Gesundheitspsychologe, Neuro- und Biofeedback-Therapeut, Leiter des Fachbereiches Psychologie bei Dr. Schmid & Dr. Schmid, Hygieia-Gesundheitsförderung, Praxis für Psychologie und Medizin in St. Pölten. Geschäftsführer von Dr. Schmid & Dr. Schmid OG, Gesundheits- und Persönlichkeitsentwicklung. In dieser Funktion Konzeption und Durchführung von Projekten, Workshops und Coaching für Betriebe, Institutionen und Privatpersonen. Seit 2004 Leiter des Berufsverbandes Österreichischer Psychologen, Landesgruppe NÖ. Zusätzlich ist er auch Lehrtherapeut und Supervisor.
Zuletzt ist sein Buch „Nicht immer denken. Die Kraft von Achtsamkeit, Stille und Konzentration" erschienen.

www.schmid-schmid.at
www.worklifebalance.at
www.facebook.com/Schmid.und.Schmid

Die Ratschläge und Empfehlungen dieses Buches wurden vom Autor und Verlag nach bestem Wissen und Gewissen erarbeitet und sorgfältig geprüft. Dennoch kann eine Garantie nicht übernommen werden. Eine Haftung des Autors, des Verlages oder seiner Beauftragten für Personen-, Sach- oder Vermögensschäden ist ausgeschlossen.

Wegen stilistischer Klarheit und leichterer Lesbarkeit wurde im Text auf die sprachliche Verwendung weiblicher Formen verzichtet. Ausdrücklich sei hier festgehalten, dass die Verwendung der männlichen Form inhaltlich natürlich für Frauen und Männer gilt und keinesfalls einen sexistischen Sprachgebrauch darstellt.

Bibliografische Information der Deutschen Nationalbibliothek
Die Deutsche Nationalbibliothek verzeichnet diese Publikation in der Deutschen Nationalbibliografie; detaillierte bibliografische Daten sind im Internet über http://dnb.d-nb.de abrufbar.

Copyright © 2015 maudrich Verlag
Eine Abteilung der Facultas Verlags- und Buchhandels AG, Wien, Austria
Alle Rechte, insbesondere das Recht der Vervielfältigung und der Verbreitung sowie der Übersetzung in fremde Sprachen sind vorbehalten.
Umschlaggestaltung: Florian Spielauer
Typografie & Satz: Norbert Novak, MEDIA-N.at
Umschlagfoto: © siamphoto – fotolia.com
Druck: Finidr, Tschechien
ISBN 978-3-99002-003-6

Auch als E-Book erhältlich: ISBN 978-3-99030-439-6 (pdf)

Einleitung

Abschalten und auftanken, zwei Wörter, die viel mehr als Wörter sind und genau das beschreiben, wonach sich viele in unserer heutigen Zeit sehnen: den Kopf freizubekommen, nicht immer zu denken und gleichzeitig neue Kraft und Energie zu tanken.

Abschalten und auftanken, das klingt zunächst nach einem Gegensatz und doch sind es eigentlich zwei Seiten eines Ganzen, eines natürlichen Gleichgewichtes von Aktivität und Erholung. So wie man nach einer Aktivität das Abschalten und die Erholung benötigt, braucht es Kraftquellen, um wieder neue Energie aufzubauen. Energie und Kraft, die wir für die Herausforderungen des Lebens benötigen, für die Ziele, die vorgegeben sind, und besonders für jene, die wir uns selbst setzen. Dazu gehört, dass man ein Leben im eigenen Rhythmus umso besser leben kann, je besser man sich selbst kennt, die eigene Psyche und den Körper, welche Herausforderungen uns gut tun und wo unsere Grenzen liegen. Und genau dafür braucht es Strategien, um abzuschalten und auftanken zu können. Strategien, die höchst unterschiedlich sein können. Ruhige Übungen, wie eine Atem-Meditation im Sitzen, oder Achtsamkeitsübungen beim Sport. Das mag paradox klingen und doch gelingt es oftmals besser, bei erlebnisreichen Aktivitäten ganz bei der Sache zu bleiben, ganz fokussiert und alles andere ausblendend. So kann die Fülle der Aktivität eine Freiheit und Leere im Kopf erzeugen, die beides beinhaltet: abschalten und auftanken. Dabei zählt jedoch nicht so sehr die körperliche Anstrengung, sondern vielmehr der psychische Zustand. Die mentale Einstellung bestimmt ganz wesentlich das Erlebnis bei verschiedenen Aktivitäten. Auch bei scheinbar banalen Alltagstätigkeiten. Durch eine achtsame Grundhaltung kann bereits der Weg zur Arbeit ein besonderes Erlebnis werden, wenn durch die bewusste Aufmerksamkeit Dinge wahrgenommen werden, die vielleicht jahrelang unbemerkt geblieben sind. So kann das Alltägliche den Zauber des Neuen gewinnen.

Ein Bild sagt mehr als tausend Worte und ein Zitat trifft eine Stimmung oft besser als viele beschriebene Seiten. Genau nach diesem Grundsatz ist dieses Buch aufgebaut. Sie finden zu den verschiedensten Themen des Abschaltens und Auftankens passende Übungen kombiniert mit ansprechenden Fotos und Zitaten.

Die 52 Übungen zu Achtsamkeit, Meditation, Entspannung, Selbsthypnose, kognitiver Umstrukturierung (der Veränderung negativer Gedanken) und Selbstreflexion führen Sie durch das ganze Jahr. Diese Vielfalt folgt keiner besonderen Reihenfolge. Sie können nach Lust und Laune einzelne Übungen herausnehmen und andere überspringen. Lassen Sie sich davon leiten, was Sie besonders anspricht, und integrieren Sie eine Übung nach der anderen in Ihren Alltag.

Im Anhang finden Sie eine Übersicht über die Wirkungsweise der verschiedenen Übungen. So können Sie nach Ihren Interessen genau jene Übungen auswählen, die aktuell am besten geeignet sind. Die Übungen wirken jeweils in mehrfacher Hinsicht. Achtsamkeitsübungen sind beispielsweise sowohl zur Meditation und Entspannung als auch zur Förderung von Kraft und Energie einsetzbar.

Wenn Sie Lust darauf bekommen, mehr zu den Übungen zu erfahren, sind Sie herzlich eingeladen, in meinen Büchern „Mein Weg in die Entspannung" und „Nicht immer denken. Die Kraft von Achtsamkeit, Stille und Konzentration" weiterzulesen. Beide stellen eine ideale Ergänzung dar, geht es doch beim einen um den Körper und beim anderen um den Geist. Bei „Mein Weg in die Entspannung" wird die Vielfalt der Entspannung beschrieben, kombiniert mit einem Selbsttest, um herauszufinden, welche Entspannungsübung am besten zu Ihnen passt. Die beiliegende CD mit Anleitung und entspannender Musik erleichtert dabei die Umsetzung im Alltag. Der Band „Nicht immer denken" geht auf psychologische Strategien ein, um den rastlosen Geist zur Ruhe zu bringen. Dabei werden Achtsamkeitsübungen, Selbsthypnose, kognitive Umstrukturierung und Neurofeedback praxisnah dargestellt. Fallbeispiele mit verschiedenen Therapieverläufen runden dieses Buch ab. Sie zeigen eindrücklich, wie die verschiedenen Ansätze wirkungsvoll kombiniert werden können.

Anmerkung: Bei einigen Übungen, speziell jenen, die aus dem Yoga stammen, ist es sinnvoll, diese unter Anleitung eines erfahrenen Trainers auszuführen. Gehen Sie zu Beginn behutsam vor und achten Sie darauf, sich nicht zu überfordern. Nach einiger Erfahrung können Sie die Übungen intensivieren und auch zeitlich ausdehnen.

Ich wünsche Ihnen viel Vergnügen beim Lesen des Buches und viele Ideen und Anregungen zum Abschalten und Auftanken.

Herzlichst
Ihr Dr. Norman Schmid

Achtsames Gehen mit Fokus auf den Körper

> *„Wenn ich gehe, gehe ich.*
> *Wenn ich sitze, sitze ich.*
> *Und wenn ich esse, esse ich."*
> Aus dem Zen-Buddhismus

Die Übung:

Achtsamkeitsübungen lassen sich ausgezeichnet mit Bewegung kombinieren. Wenn Sie Nordic Walking betreiben oder Spazierengehen, achten Sie darauf, ganz im Hier und Jetzt zu bleiben. Nehmen Sie bewusst jede Bewegung des Körpers wahr, wie die Füße bei jedem Schritt abrollen, die Arme mitschwingen, die Muskeln an- und entspannen. Und wie die Luft im gleichmäßigen Rhythmus des Atmens in den Körper ein- und wieder herausströmt.

Währenddessen bleiben Sie mit der gesamten Aufmerksamkeit beim Körper und den Veränderungen, die Sie in den Muskeln, beim Atem und im Körper drinnen spüren können. Vielleicht auch die Kraft und Energie, die mit jedem Schritt freigesetzt wird.

Dauer:

mindestens 20 Minuten (oder zwischendurch im Alltag für einige Minuten)

Wirkung:

gedankliches Abschalten, Achtsamkeit, Stärkung des inneren Gleichgewichtes, Stressabbau, Förderung von Kraft und Energie

Achtsamkeitsmeditation mit Fokus auf den Atem

„Achtsamkeit bedeutet, auf eine bestimmte Weise gewahr zu sein: absichtsvoll, im gegenwärtigen Augenblick und nicht bewertend."
Jon Kabat-Zinn

Die Übung:

Nehmen Sie eine sitzende, aufrechte Körperhaltung ein. Am besten auf einem Sitzkissen am Boden, die Füße im Schneidersitz, Lotussitz oder Fersensitz. Die Hände liegen auf den Oberschenkeln auf, die Finger formen das Chinmudra, eine spezielle energiegelenkte Handhaltung, indem sich Daumen und Zeigefinger berühren, die restlichen Finger leicht ausgestreckt sind und die Handflächen wie eine Lotosblüte nach oben zeigen. Der Oberkörper ist aufrecht, die Schultern bleiben ganz entspannt. Sie brauchen kein Ziel zu haben, nichts zu wollen, nichts zu müssen. Achten Sie nur auf Ihren Atem. Wie sich die Bauchdecke bei jedem Atemzug hebt und wieder senkt. Spüren Sie den Atemzügen nach, ohne etwas zu verändern, ohne zu bewerten. Einfach nur wahrnehmen und weiteratmen.
Gedanken vom Alltag sind ganz nebensächlich und können wie kleine Wolken am Himmel weiterziehen. Sie verbleiben mit der gesamten Aufmerksamkeit bei der Atmung und beim Körper, der Kopf wird ganz frei.

Dauer:

10–45 Minuten

Wirkung:

gedankliches Abschalten, Achtsamkeit, Stärkung des inneren Gleichgewichtes, Stressabbau, Förderung von Klarheit und mentaler Energie

Aus negativen Gedankenkreisen aussteigen: Perfektionismus

„Das Glück deines Lebens hängt von der Beschaffenheit deiner Gedanken ab."
Marc Aurel

Die Übung:

Wenn Sie sich nicht wohlfühlen, halten Sie kurz inne und überprüfen Sie Ihre Gedanken. Was geht Ihnen gerade durch den Kopf? Sind es negative Gedanken, wie „Ich darf mir keinen Fehler erlauben" oder „Ich muss alles perfekt machen"?
Finden Sie dann möglichst viele Argumente, die diesen stressmachenden Gedanken widersprechen, wie „Fehler sind menschlich, aus Fehlern lernt man", „In vielen Fällen sind 80–90 % ausreichend" oder „Ich kann stolz sein auf meine bisherigen Ergebnisse". Je mehr Sie solche Gegenargumente finden, umso mehr wird sich die Waage von den negativen Gedanken zu den positiven Gedanken verändern. Sie werden feststellen, dass der Druck durch den Perfektionismus kleiner wird, eine Entlastung eintritt und mehr Gelassenheit entsteht.

Dauer:

einige Minuten

Wirkung:

gedankliches Abschalten, kognitive Umstrukturierung, Selbstreflexion, Achtsamkeit, Stressabbau

Die Kraft von Stille und Konzentration

„Verbringe jeden Tag einige Zeit allein."
Dalai Lama

Die Übung:

Nehmen Sie sich Zeit für sich selbst. Das kann zu Hause sein oder auch, wenn Sie unterwegs sind. Suchen Sie einen Ort auf, an dem Sie alleine sind, ungestört durch die Hektik des Alltags, unbeeinflusst durch andere Menschen. Kommen Sie ganz zur Ruhe, beim Sitzen oder Stehen. Machen Sie sich alles bewusst, den Körper, die Gedanken und die Umgebung. Nehmen Sie einfach wahr, ohne zu bewerten oder etwas verändern zu müssen. Lassen Sie die Stille zu und beleuchten Sie die verschiedenen Wahrnehmungen und Empfindungen außen und innen. Sie können die Aufmerksamkeit bewusst auf die verschiedenen Aspekte des Augenblicks lenken, eines nach dem anderen, und Sie werden die Kraft von Stille und Konzentration ganz deutlich spüren.

Dauer:

mindestens 10 Minuten

Wirkung:

Achtsamkeit, Meditation, Stärkung des inneren Gleichgewichtes, Förderung von Kraft und Energie, Konzentration

Klarheit des Denkens und Fühlens

*„Lass deinen Geist
still werden wie einen Teich im Wald.
Er soll klar werden, wie Wasser, das von den Bergen fließt.
Lass trübes Wasser zur Ruhe kommen,
dann wird es klar werden,
und lass deine schweifenden Gedanken und Wünsche
zur Ruhe kommen."*
Buddha

Die Übung:

Machen Sie einen Spaziergang ganz alleine – in der Natur oder auch in der Stadt an einem Ort, an dem es ruhig ist. Genießen Sie die Zeit, die Sie nur mit sich selbst sind. Die Stille, wenn man nicht abgelenkt ist durch Gespräche und sich dadurch ganz auf sich selbst konzentrieren kann, auf die eigenen Gedanken und Gefühle. Nehmen Sie wahr, was Ihnen gerade im Kopf herumgeht, worauf Ihr Geist gerichtet ist. Schärfen Sie die Aufmerksamkeit für Ihr Denken und Fühlen, dafür, wie sich bestimmte Ereignisse auswirken, und für Ihre ganz bestimmte Art und Weise zu reagieren. Dadurch entwickeln Sie mehr Klarheit über Ihr Denken, Ihre Gefühle und Werte und Sie können die schweifenden Gedanken und Wünsche zur Ruhe kommen lassen.

Dauer:

mindestens 15 Minuten

Wirkung:

Achtsamkeit, Meditation, Stärkung des inneren Gleichgewichtes, Förderung von Kraft und Energie

Der Fels in der Brandung: Selbsthypnose zur Förderung innerer Stärke

Die Übung:

Nehmen Sie eine angenehme Sitzposition ein, schließen Sie die Augen und nehmen Sie sich Zeit. Achten Sie auf einen ruhigen und gleichmäßigen Atemrhythmus, wie sich die Bauchdecke hebt und langsam wieder senkt. Gedanken vom Alltag sind jetzt ganz unbedeutend und können einfach weiterziehen. Sie können mit jedem Atemzug etwas tiefer gehen, loslassen und eintauchen. Es geschieht wie von selbst, Sie spüren die Veränderungen im Körper und in der Aufmerksamkeit. Jeden Atemzug noch etwas mehr. Sie können dann in Gedanken an einen Ort der Kraft gehen, einen Ort der Stärke, so wie ein Fels in der Brandung an einer schönen Meeresküste. Tauchen Sie mit allen Sinnen in diesen Ort ein. Der Anblick der Küste, die Farbe des Sandes, das Heranrollen der Wellen an den Strand, das Aufwogen und Rauschen der Gischt, wenn die Wellen an den Felsen branden, die Zerstäubung des Wassers in tausende kleinste Wassertropfen und wie der Fels ganz standhaft bleibt. Standhaft, in sich gefestigt, in der eigenen Mitte ruhend. Und so, wie schon tausendfach die Wellen an den Fels herangerollt sind, bleibt dieser tausendfach bestehen und fest verankert. Und es tut gut, die Stärke zu spüren, die von diesem Fels ausstrahlt. Genauso wie es gut tut, die innere Stärke wahrzunehmen, in den Muskeln, bei der Atmung, den ganzen Körper durchstrahlend. Die Kraft, die sich mit jedem Atemzug weiter entwickelt und ausbreitet. Genauso wie der Fels in der Brandung.
Zum Abschluss kommen Sie langsam wieder zurück, indem Sie einige Male tief ein- und ausatmen, Arme und Beine strecken und schließlich die Augen wieder öffnen, um wieder ganz zurückzukommen in das Hier und Jetzt.

Dauer:

15–20 Minuten

Wirkung:

Selbsthypnose, gedankliches Abschalten, Stressabbau, Stärkung des inneren Gleichgewichtes, Förderung von Kraft und Energie

Die 5-4-3-2-1-Methode

*„Im Vorüberströmen sieht man nichts genau
und erkennt nichts."*
Seneca

Die Übung:

Diese Übung können Sie am besten draußen, bei einem Spaziergang oder bei einer Pause in der Natur durchführen. Achten Sie auf fünf Dinge, die Sie sehen, dann fünf Dinge, die Sie hören, und fünf Dinge, die Sie spüren. Dann vier Dinge, dann drei, dann zwei und dann eins. Nehmen Sie einfach wahr, benennen Sie die Dinge, ohne zu bewerten und weiter darüber nachzudenken, und gehen Sie dann zum nächsten weiter.
Zum Beispiel:
Sehen: Baum, Fluss, Blüte, Kiesweg, Sonne
Hören: Wasserrauschen, Rascheln der Blätter im Wind, Schritte auf dem Kiesweg, Herabfallen einer Kastanie, Atemzüge
Spüren: Bewegung der Muskeln, Luft ein- und ausatmen, Herzschlag, Sonnenstrahlen, Wind auf der Haut
Seien Sie ganz achtsam, nehmen Sie auch die kleinen Dinge wahr, und Sie werden feststellen, wie reichhaltig der momentane Augenblick ist.

Dauer:

5–10 Minuten

Wirkung:

Achtsamkeit, Meditation, gedankliches Abschalten, Stressabbau, Stärkung des inneren Gleichgewichtes, Förderung von Kraft und Energie

Aus negativen Gedankenkreisen aussteigen: Überforderung

*„Wir sind, was wir denken.
Alles, was wir sind, entsteht aus unseren Gedanken.
Mit unseren Gedanken formen wir die Welt."*
Buddha

Die Übung:

Wenn Sie sich nicht wohlfühlen, halten Sie kurz inne und überprüfen Sie Ihre Gedanken. Was geht Ihnen gerade durch den Kopf? Sind es negative Gedanken, wie „Ich schaffe das nicht", „Mir wird alles zu viel" oder „Ich bin total überfordert"?
Finden Sie dann möglichst viele Argumente, die diesen stressmachenden Gedanken widersprechen, wie „Ich habe bisher immer eine Lösung gefunden", „Einen Schritt nach dem anderen", „Ich kann mir Unterstützung organisieren" oder „Ich mache jetzt einmal eine Pause und werde dann weitersehen".
Wiederholen Sie die Gedanken innerlich einige Male, damit diese ihre Wirkung entfalten können. Sie werden feststellen, dass Sie dadurch aus dem Rad der negativen Gedanken aussteigen können, mehr Selbstvertrauen entsteht und sich die Stimmung spürbar verbessert.

Dauer:

einige Minuten

Wirkung:

gedankliches Abschalten, kognitive Umstrukturierung, Selbstreflexion, Achtsamkeit, Stressabbau

Das Schöne im Alltag beachten

*„Man sollte wenigstens einmal am Tag
ein kleines Lied hören,
ein gutes Gedicht lesen,
ein schönes Bild betrachten
und, wenn möglich,
ein paar vernünftige Worte sagen."*
Johann Wolfgang von Goethe

Die Übung:

Achten Sie darauf, im Alltag das Schöne zu entdecken. Das können so kleine Dinge sein wie der Sonnenaufgang, das Aroma des Frühstückstees oder Kaffees, die frische Morgenluft, die wärmenden Strahlen der Sonne, ein anregender Text oder eine schöne Musik. Nehmen Sie sich ganz bewusst die Zeit, diese Momente wahrzunehmen. Überlassen Sie das Schöne nicht dem Zufall, sondern planen Sie diese Augenblicke ganz bewusst ein und Sie werden bemerken, wie Ihr Leben reichhaltiger wird.

Dauer:

einige Minuten

Wirkung:

Achtsamkeit, gedankliches Abschalten, Stressabbau, Stärkung des inneren Gleichgewichtes, Förderung von Kraft und Energie

Achtsamkeit beim Sport

*„Erreiche den Gipfel der Leere, bewahre die Fülle der Ruhe,
und alle Dinge werden gedeihen."*
Laotse

Die Übung:

Achtsamkeitsübungen lassen sich ganz ausgezeichnet beim Sport durchführen, sowohl bei „meditativ-gleichmäßigen" Sportarten, wie Laufen oder Radfahren, als auch bei „actionreichen" Sportarten, wie Tennis, Mountainbiking oder Skifahren. Oftmals ist es sogar leichter, bei dynamischen Sportarten fokussiert zu bleiben, da man in jedem Moment gefordert ist, rasch zu reagieren. Dadurch werden andere Gedanken – an das Büro oder familiäre Verpflichtungen – ausgeblendet.

Das entscheidende Kriterium der Achtsamkeit beim Sport ist nicht der Sport selbst, sondern wo sich Ihr Geist während der Bewegung befindet. Wie auch immer Sie den Sport anlegen – meditativ-gleichmäßig oder actionreich –, achten Sie darauf, ganz im Hier und Jetzt zu bleiben, bei den Bewegungen und Empfindungen und beim Besonderen der Situation und Umgebung. Und Sie werden bemerken, wie innere Ruhe und Kraft durch die Fülle des Tuns entstehen.

Dauer:

abhängig vom Sport zwischen 30 Minuten und mehreren Stunden

Wirkung:

Achtsamkeit, Stärkung des inneren Gleichgewichtes, Stressabbau, Förderung von Kraft und Energie

„Ich bin der Atem (prana).
Atem ist Leben und das Leben ist Atem.
Denn solange der Atem in diesem Körper weilt,
solange weilt auch das Leben."
Kaushitaki-Upanishad, Hinduismus

Diese Übung sollte vorsichtig begonnen und dann langsam gesteigert werden.
Es empfiehlt sich das Einüben mit einem Yoga-Trainer.

Anuloma Viloma – Die Wechselatmung

Die Übung:
Nehmen Sie eine sitzende, aufrechte Körperhaltung ein. Am besten auf einem Sitzkissen im Schneidersitz oder Lotussitz. Achten Sie auf einen geraden Rücken, die Schultern sind locker und nehmen Sie mit den Händen die „Yoga-Haltung" ein: Führen Sie Daumen und Zeigefinger zusammen und öffnen Sie die restlichen Finger der Hand wie eine Lotusblüte. Legen Sie die Hände mit dem Handrücken auf die Oberschenkel. Die Aufmerksamkeit ist ganz beim Atem. Lassen Sie die linke Hand aufliegen und falten Sie die rechte Hand zum Vishnu Mudra, indem Sie alle Finger ausstrecken und dann Zeigefinger und Mittelfinger zum Handteller einknicken. Für die Übung benötigen Sie Daumen und Ringfinger der rechten Hand, um die Nasenlöcher abwechselnd zu schließen.
Führen Sie den rechten Daumen zum rechten Nasenloch und verschließen Sie dieses. Atmen Sie durch das linke Nasenloch langsam ein, indem Sie langsam bis vier zählen. Halten Sie dabei das rechte Nasenloch geschlossen. Verschließen Sie dann gleichzeitig das linke Nasenloch mit dem Ringfinger und halten Sie die Luft an, während Sie von eins bis zehn zählen. Öffnen Sie dann das rechte Nasenloch, lassen Sie das linke geschlossen und zählen Sie beim Ausatmen bis acht. Wenn Sie vollkommen ausgeatmet haben, atmen Sie durch das rechte Nasenloch wieder bis vier ein. Halten Sie dann wieder die Luft an, indem Sie beide Nasenlöcher verschließen, und zählen Sie dabei bis zehn. Atmen Sie dann beim linken Nasenloch bis acht wieder vollständig aus. Führen Sie diese Wechselatmung zehn Durchgänge hintereinander durch.
Bleiben Sie mit der Achtsamkeit ganz bei der Atmung und konzentrieren Sie sich auf den Punkt zwischen den Augenbrauen.
Wenn Sie einige Wochen geübt haben, können Sie die Zeit des Atemanhaltens weiter ausdehnen und bis 14 oder sogar 16 zählen.

Dauer: 10–15 Minuten

Wirkung:
Achtsamkeit, Meditation, gedankliches Abschalten, Stressabbau, Stärkung des inneren Gleichgewichtes, Förderung von Kraft und Energie, Konzentration

„Einem ruhigen Geist ergibt sich das ganze Universum." Tschuang Tse

Ruhe und Gelassenheit

Die Übung:

Nehmen Sie eine angenehme Sitzposition ein, schließen Sie die Augen und achten Sie auf einen ruhigen und gleichmäßigen Atemrhythmus. Beachten Sie, wie sich die Bauchdecke im Rhythmus des Atmens hebt und langsam wieder senkt. Gedanken vom Alltag sind jetzt ganz unbedeutend und können einfach weiterziehen. Mit der Aufmerksamkeit bei der Atmung können Sie mit jedem Atemzug etwas tiefergehen, loslassen und eintauchen.

Sie können dann in Gedanken an einen Ort der Ruhe gehen, einen Ort, an dem Sie sich ganz wohlfühlen. Vielleicht an einen ruhigen Strand am Meer oder an einen See. Wo Sie den Wellen zusehen können, wie diese kommen und gehen, in einem gleichmäßigen Rhythmus. Beobachten, wie sie sich ausbreiten, sie ganz gelassen sind, eine nach der anderen. Ein Kommen und Gehen, immer wieder gleich und doch immer wieder neu. Und Sie können diesem Spiel der Wellen zusehen, sich ganz darin vertiefen, so als würden Sie eins werden mit den Wellen, sich treiben lassen, ganz gleichmäßig und angenehm. So wie es wohltuend ist, sich schaukeln zu lassen, ganz beruhigend in diesem Rhythmus der Wellen, dem Rhythmus des Lebens.

Sie können sich die Zeit geben, noch weiter einzutauchen, sich noch weiter treiben zu lassen und den Rhythmus in sich zu spüren, der gleichermaßen beruhigend ist und das innere Gleichgewicht stärkt.

Wenn Sie ausreichend an diesem Ort verweilt haben, kommen Sie wieder zurück, indem Sie einige Male kräftig ein- und ausatmen, Arme und Beine strecken, um dann ganz erholt und erfrischt die Augen zu öffnen.

Dauer:

15–20 Minuten

Wirkung:

Selbsthypnose, gedankliches Abschalten, Entspannung, Stressabbau, Stärkung des inneren Gleichgewichtes

„Ein angenehmes und heiteres Leben
kommt nicht von äußeren Dingen.
Der Mensch bringt aus seinem
Innern wie aus einer Quelle
Lust und Freude in sein Leben."
Plutarch

Achtsamkeitsmeditation mit Body Scan

Die Übung:

Legen Sie sich auf eine bequeme Unterlage, schließen Sie die Augen und nehmen Sie Kontakt mit dem Körper auf. Lassen Sie Gedanken an den Alltag weiterziehen wie Wolken am Himmel.

Wandern Sie mit der Aufmerksamkeit langsam durch den Körper, indem Sie die verschiedenen Körperbereiche intensiv wahrnehmen. Beginnen Sie bei den Füßen, achten Sie darauf, wie sich die Füße anfühlen, wie diese auf der Unterlage aufliegen, wo stärker und wo weniger stark. Verweilen Sie mit der Aufmerksamkeit hier etwas, genauso wie bei jedem weiteren Körperbereich. Gehen Sie dann mit der Aufmerksamkeit zu den Unterschenkeln. Wie fühlen sich diese an, wie liegen sie auf der Unterlage auf? Achten Sie dann auf die Oberschenkel und jedes Detail, das Sie wahrnehmen können. Beim Gesäß und Becken können Sie sich ebenfalls alle Empfindungen bewusst machen. Sie können die rhythmischen Schwankungen der Bauchdecke beim Ein- und Ausatmen spüren. Achten Sie darauf, wie der Rücken auf der Unterlage aufliegt, an manchen Stellen etwas mehr, an anderen weniger. Nehmen Sie die Empfindungen im Brustkorb wahr. Wenn Sie dann zu den Händen gehen, können Sie spüren, wie diese aufliegen, und vielleicht auch eine Wärme, die sich ausbreitet. Spüren Sie, wie die Unterarme und Oberarme aufliegen. Nehmen Sie dann auch Hals und Nacken wahr. Und gehen Sie schließlich zum Kopf. Achten Sie darauf, wie dieser aufliegt, ganz locker und entspannt. Sie können die Stirn wahrnehmen, dann Augen, Nase, Mund und Wangen. Machen Sie sich alle Empfindungen und Gefühle bewusst. Zum Schluss können Sie den Aufmerksamkeitsfokus breitstellen und die Wahrnehmung auf den gesamten Körper ausdehnen.

Dauer:

10–15 Minuten

Wirkung:

Achtsamkeit, Meditation, gedankliches Abschalten, Entspannung, Stressabbau

Wasser-Meditation

„Stille und Ruhe bringen die ganze Welt ins rechte Maß zurück."
Laotse

Die Übung:

Bringen Sie den rastlosen Geist zur Ruhe, indem Sie die Aufmerksamkeit auf ein Wasserplätschern oder Wasserrauschen lenken. Suchen Sie dazu einen Ort aus, an dem Sie das Geräusch des Wassers gut hören können. Besonders günstig ist ein Wasserfall, bei dem auch eine besonders vitalisierende Luft vorhanden ist.

Suchen Sie sich neben dem Wasser einen angenehmen Platz, nehmen Sie eine sitzende, aufrechte Körperposition ein. Ideal ist der Schneidersitz, Lotus- oder Fersensitz auf einem Sitzkissen.

Schließen Sie die Augen, atmen Sie ruhig und gleichmäßig für einige Minuten und lenken Sie dann die Aufmerksamkeit auf das Wassergeräusch. Achten Sie auf das Rauschen, Plätschern oder Glucksen, auf die klangliche Vielfalt des Wassers. Wie sich die Geräusche auch verändern durch das Lenken der Aufmerksamkeit auf die einzelnen Bereiche. Und wie sich zudem die Lautstärke ändert, wenn der Wind das Geräusch des Wassers einmal mehr heranträgt und dann wieder weniger. Versenken Sie die gesamte Aufmerksamkeit in diese Geräuschkulisse und nehmen Sie auch die angenehm frische Luft wahr. Wie diese erfrischend und vitalisierend ist und Sie bei jedem Atemzug noch etwas mehr von dieser Energie in sich aufnehmen. Gleichzeitig wird der Kopf ganz frei, die Gedanken entfalten sich ruhig und still.

Dauer:

10–15 Minuten

Wirkung:

Achtsamkeit, Meditation, gedankliches Abschalten, Entspannung, Stressabbau, Stärkung des inneren Gleichgewichtes, Förderung von Kraft und Energie

Das Wesen hinter den Dingen

*„Dreißig Speichen treffen die Nabe
Die Leere dazwischen macht das Rad.
Lehm formt der Töpfer zu Gefäßen
Die Leere darinnen macht das Gefäß.
Fenster und Türen bricht man in Mauern
Die Leere damitten macht die Behausung.
Das Sichtbare bildet die Form eines Werkes.
Das Nicht-Sichtbare macht seinen Wert aus."*
Laotse – Tao Te King

Die Übung:

In unserer heutigen Welt drängt sich das Laute, Hektische und Schrille oft in den Vordergrund und überdeckt damit das wahre Wesen der Dinge. Der Fokus auf immer schneller, besser und größer lässt den Blick und die Empfindungen verschleiern. Gefangen im Rad der Geschäftigkeit laufen Viele wie mit Scheuklappen durch die Welt und sehen damit nur das, was sich besonders markant hervorhebt. Aber sind es diese Dinge, die glücklich machen, in denen man sein Potenzial entfaltet und die den Sinn des Lebens ausmachen?

Halten Sie im Alltag immer wieder für kurze Zeit inne, beachten Sie, worauf Ihr Geist gerichtet ist, und lüften Sie den Schleier der äußeren Täuschungen.

Dauer:

einige Minuten

Wirkung:

Achtsamkeit, Selbstreflexion, kognitive Umstrukturierung, Stressabbau, Stärkung des inneren Gleichgewichtes, Konzentration

Die Welt umarmen

„Auf tausend Flügeln auseinanderfaltet
Sich meine Seele,
die ich Eins gemeint,
Vertausendfacht, dem bunten All gestaltet,
Erlösch ich mir und bin der Welt vereint."
Hermann Hesse

Die Übung:

Diese Übung können Sie ausgezeichnet bei einer kleinen Wanderung oder einer großen Bergtour durchführen. Wenn Sie bei der Tour einen Ort mit besonderem Ausblick – einen Kraftplatz – erreicht haben, halten Sie dort inne. Lassen Sie das Panorama auf sich wirken, die Schönheit der Berge und der Natur. Atmen Sie tief ein und wieder aus und spüren Sie die Frische der Bergluft, das Aroma der Nadel- und Laubbäume, der Latschen und Gräser. Die Wärme der Sonnenstrahlen oder die Erfrischung des Windes. Betrachten Sie die Vielfalt der Natur, die Farben und Formen, Licht und Schatten, wie eine Symphonie, bei der der Zauber im Zusammenspiel der einzelnen Spieler entsteht. Nehmen Sie das Besondere dieses Ortes mit jeder Faser Ihres Körpers auf, breiten Sie die Arme aus, als würden Sie die Welt umarmen, und Ihre Seele wird Teil des Ganzen.

Dauer:

einige Minuten

Wirkung:

Achtsamkeit, Meditation, gedankliches Abschalten, Entspannung, Stressabbau, Stärkung des inneren Gleichgewichtes, Förderung von Kraft und Energie

Die Staubsauger-Übung: Progressive Muskelentspannung kompakt

*„Man braucht nicht viel Kraft,
um etwas festzuhalten.
Man braucht viel Kraft,
um etwas loszulassen."*
Unbekannt

Die Übung:

Wenn Sie eine große innere Anspannung spüren, sich geärgert haben oder die Gedanken kreisen, können Sie mit der Staubsauger-Übung die Spannung und Aktivierung durchbrechen.

Sie können die Übung im Sitzen oder Stehen durchführen. Achten Sie zunächst auf die Spannung im Körper und die momentane Atmung. Atmen Sie durch die Nase tief und fest ein, als würden Sie alles einsaugen. Spannen Sie zugleich alle Muskeln des Körpers an: Augen zupressen, Stirn und Nase runzeln, Zähne und Lippen zusammenpressen, Schultern hochziehen, Fäuste machen, Unter- und Oberarme anspannen, Bauch, Brustkorb und Rücken anspannen, Gesäßbacken zusammenpressen, Beine anziehen, Füße anspannen. Verharren Sie in dieser Ganzkörperspannung für ca. fünf Sekunden und halten Sie dabei den Atem an. Lassen Sie dann alles wieder plötzlich los und atmen Sie durch den Mund aus. Spüren Sie den Unterschied von Anspannung und Entspannung und wie sich mit der Lockerung des Körpers auch die Gedanken und Gefühle entspannen.

Diese Übung können Sie auch zwei- bis dreimal hintereinander durchführen.

Dauer:

ca. 5 Minuten

Wirkung:

Achtsamkeit, gedankliches Abschalten, Entspannung, Stressabbau

Den eigenen Rhythmus erkennen

*„Will man nehmen
muss man vorher gegeben haben.
Will man schwächen
muss man vorher gekräftigt haben.
Will man beschränken
muss man Ausdehnung abwarten.
Will man messen
muss man den Maßstab wissen.
Dies erkennen
heißt die geheimen Zusammenhänge erkennen.
Wahre Härte ist nur ein Grad von Zartheit.
Wahre Zartheit ist nur ein Grad von Härte.
Wie der Fisch nicht leben kann ohne Wasser
so ist nicht Leben
wo nicht Gesetzmäßigkeit herrscht."*
Laotse – Tao Te King

Die Übung:

Jeder Mensch hat seinen eigenen Rhythmus, einen Rhythmus von Aktivität und Erholung, Leistung und Regeneration. Hier gibt es keine Patentrezepte, sondern ganz individuelle Wege, die für jeden einzelnen richtig sind. Nehmen Sie sich immer wieder die Zeit, Ihren eigenen Rhythmus kennenzulernen, die eigenen Bedürfnisse und Grenzen. Je besser Sie sich kennenlernen, umso besser können Sie Ihr Leben gemäß Ihres inneren Rhythmus gestalten.

Dauer:

ca. 10–20 Minuten und auch zwischendurch im Alltag

Wirkung:

Achtsamkeit, Selbstreflexion, kognitive Umstrukturierung, Stressabbau, Stärkung des inneren Gleichgewichtes

Die Teezeremonie

"Der Tee weckt den guten Geist und die weisen Gedanken.
Er erfrischt Deinen Körper und beruhigt Dein Gemüt."
Dem mythischen Kaiser Shen Nung zugeschrieben

Die Übung:

Die Zubereitung eines Tees hat in China und Japan eine besondere Bedeutung und wird in einer sogenannten Teezeremonie durchgeführt. Auch wenn man diese zum Teil sehr strengen Regeln nicht detailliert befolgt, so kann man die Zubereitung und das Teetrinken (oder auch den Kaffee) für eine kleine Achtsamkeitsübung nutzen.

Achten Sie bei der Zubereitung auf jeden Handgriff, jedes Geräusch, was Sie sehen können und die Empfindungen im Körper. Verwenden Sie ein besonderes Porzellan, das Sie vielleicht für besondere Feste reservieren. Beachten Sie die Form und die Farben und wie sich Tasse und Teekanne anfühlen, vielleicht mit filigranem Henkel oder mit einer robusten Form. Wie klingt es, wenn das Wasser zu kochen beginnt und Sie die Kanne füllen? Spüren Sie den heißen Dampf und wie die Teekanne die Wärme aufnimmt. Wenn Sie nach einigen Minuten den Tee einschenken, betrachten Sie das Sprudeln des Tees in der Tasse und die besondere Farbe, die dabei entsteht. Wenn Sie die Tasse in die Hand nehmen, können Sie die angenehme Wärme spüren, die die Hände durchströmt, das Aroma des Tees, das Sie mit jedem Atemzug aufnehmen können, und schließlich der Geschmack, wenn Sie den Tee kosten. Bei jedem Schluck können Sie die Wärme und Energie im Körper spüren und die Wirkung, die der Tee entfaltet, sei es beruhigend oder anregend.

Dauer:

5–10 Minuten

Wirkung:

Achtsamkeit, Meditation, gedankliches Abschalten, Entspannung, Stressabbau, Stärkung des inneren Gleichgewichtes

Achtsames Musikhören

*„Die Stille zwischen den Noten
ist genauso wichtig wie die Noten selbst."*
Wolfgang Amadeus Mozart

Die Übung:

Musik hat eine besondere Wirkung auf Psyche und Körper und wird deshalb auch als Therapieform eingesetzt. Oftmals wird Musik aber nur nebenbei gehört, wodurch der positive Effekt ungenutzt bleibt.

Wählen Sie eine Musik aus, zu der Sie eine besondere Beziehung haben, ganz gleich ob Pop, Rock, Jazz, Klassik oder ein anderer Musikstil. Nehmen Sie sich Zeit, wenn Sie die Musik hören, schließen Sie am besten die Augen und tauchen Sie ganz in das Musikerlebnis ein. Achten Sie auf die Musikinstrumente, den Gesang, den Rhythmus, die Veränderung der Lautstärke und der Feinheiten, die genau dieses Musikstück zu etwas Besonderem machen.

Im Sinne der Achtsamkeit bleiben Sie mit der Aufmerksamkeit ganz bei der Musik. Sie brauchen dabei nichts Besonderes zu denken, nicht zu analysieren oder zu bewerten. Einfach nur wahrnehmen und die Wirkung der Musik entfalten lassen. Welche Gefühle werden ausgelöst und wie reagiert der Körper darauf? Falls die Gedanken beginnen abzudriften, können Sie kurz innehalten, die Gedanken weiterziehen oder sich auflösen lassen und die Aufmerksamkeit wieder zurück zur Musik lenken.

Dauer:

einige Minuten bis über eine Stunde

Wirkung:

Achtsamkeit, Meditation, gedankliches Abschalten, Entspannung, Stressabbau, Förderung von Kraft und Energie

Powernap – Der Energieschlaf

„Lege dir jeden Tag für deine Sorgen eine halbe Stunde zurück.
Und in dieser Zeit mache ein Schläfchen."
Buddha

Die Übung:

Powernapping ist eine wirkungsvolle Entspannung und Regeneration durch ein kurzes Nickerchen für 15–30 Minuten. Das Besondere am Powernap ist das rasche Einschlafen und wieder Munterwerden nach maximal 30 Minuten, bevor man in eine Tiefschlafphase übergeht. In verschiedenen Kulturen hat Powernapping eine lange Tradition. Besonders in Japan wird das Nickerchen in „fast" jeder Lebenslage durchgeführt, zwischendurch im Büro, auf der Parkbank oder in der U-Bahn.

Zum Lernen von Powernapping benötigen Sie nur einen angenehmen Platz mit einem Sofa oder bequemen Sessel und einen Wecker, der Sie nach spätestens 30 Minuten aufweckt. Nehmen Sie eine angenehme Position ein, lassen Sie alle Gedanken vom Alltag wegziehen. Sie können als Einstieg Achtsamkeitsübungen oder Selbsthypnose durchführen (siehe Abendritual) und sich darauf „programmieren", nach 15–30 Minuten vollständig erholt und energievoll zu sein. Stehen Sie nach dem Läuten des Weckers sofort auf, aktivieren Sie sich durch tiefe, kräftige Atemzüge, durch Strecken der Arme und Beine und eventuell durch das Waschen des Gesichtes mit kaltem Wasser. Je öfter Sie Powernapping üben, umso besser wird es Ihnen gelingen, den Energieschlaf in Ihren Alltag zu integrieren.

Dauer:

15–30 Minuten

Wirkung:

Entspannung, gedankliches Abschalten, Stressabbau, Stärkung des inneren Gleichgewichtes, Förderung von Kraft und Energie

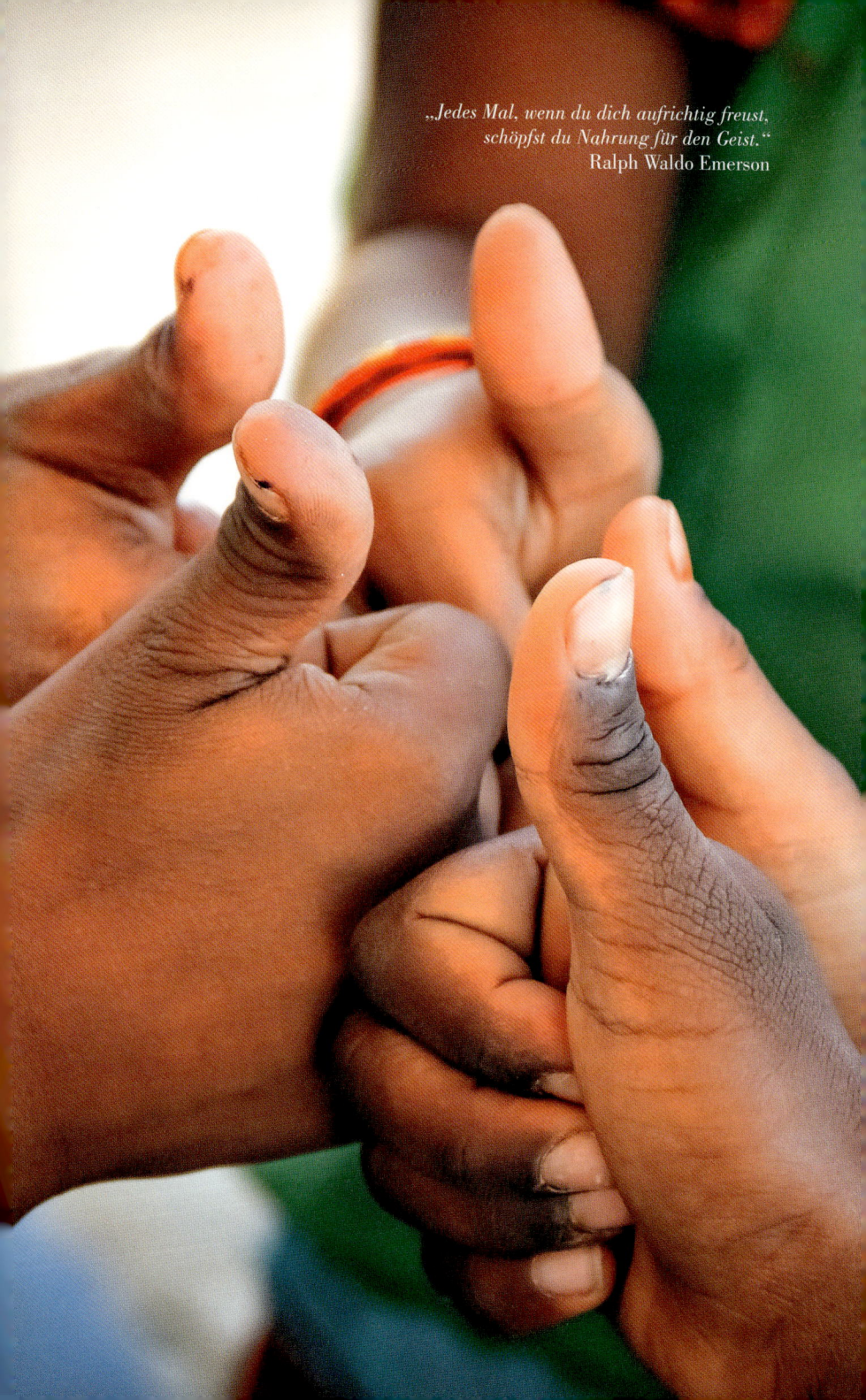

„Jedes Mal, wenn du dich aufrichtig freust,
schöpfst du Nahrung für den Geist."
Ralph Waldo Emerson

Selbsthypnose: Lebendigkeit, Freude und Energie

Die Übung:

Nehmen Sie eine angenehme Sitzposition ein, schließen Sie die Augen und nehmen Sie sich Zeit für die Selbsthypnose. Achten Sie darauf, wie sich die Bauchdecke im Rhythmus des Atmens hebt und langsam wieder senkt. Gehen Sie mit jedem Atemzug etwas tiefer, lassen Sie los und tauchen Sie ein in die Trance. Es geschieht wie von selbst, Sie spüren die Veränderungen im Körper und in der Aufmerksamkeit. Jeden Atemzug noch etwas mehr.

Sie können dann in Gedanken an einen Ort gehen, der mit Lebendigkeit, Freude und Leichtigkeit verbunden ist, so wie eine liebliche Almlandschaft in den Bergen an einem schönen Frühlingstag. Vielleicht in einem Hochtal inmitten einer wunderbaren Bergkulisse, mit sanften Bergrücken, üppiger Blumen- und Blütenpracht und saftigem Grün der Gräser und Bäume. In diesem Hochtal kann sich auch ein kleiner Gebirgsbach befinden, der sich in unzähligen Schleifen und Mäandern seinen Weg bahnt. Über die saftigen Wiesen, durch kleine Teiche und über Kuppen und Steilstufen. Und genau bei diesen Stufen, wo sich das Wasser mit der Luft vermischt und frischer Sauerstoff hineingelangt, wird das Wasser noch lebendiger, mit neuer Energie versorgt, hörbar im Rauschen und Glucksen, das sich immerfort weiterspielt. Und nicht nur das Rauschen macht die Lebendigkeit aus, sondern auch die Luft, die durch die Zerstäubung des Wassers mit Energie angereichert ist. Energie, die bei jedem Atemzug aufgenommen werden kann, mit jedem Atemzug noch etwas mehr und intensiver.

Nehmen Sie all das von diesem Ort auf, was Ihnen guttut, und kommen Sie dann langsam wieder zurück, ganz nach Ihrem eigenen Rhythmus.

Dauer:

10–20 Minuten

Wirkung:

Selbsthypnose, gedankliches Abschalten, Entspannung, Stressabbau, Stärkung des inneren Gleichgewichtes, Förderung von Kraft und Energie

Genießen im Alltag und Probleme ablegen

*„Dass uns eine Sache fehlt,
sollte uns nicht davon abhalten,
alles andere in vollen Zügen zu genießen."*
Jane Austen

Die Übung:

Oft sind es die kleinen Dinge des Alltags, die besonders viel Kraft und Energie spenden. Aber nur dann, wenn wir uns auch die Zeit nehmen, achtsam damit umzugehen. Das kann das Frühstück am Morgen sein, einige freundliche Worte mit dem Nachbarn oder einer Kollegin, ein Spaziergang oder ein Musikstück im Radio auf dem Weg zur Arbeit. Nehmen Sie solche kleinen Dinge ganz bewusst wahr, vergegenwärtigen Sie sich das Besondere an diesen Alltäglichkeiten. Das kann auch dann gelingen, wenn Sie sich nicht so richtig wohlfühlen, sei es durch eine Krankheit, durch negativen Stress oder Probleme. Erlauben Sie sich, die Sorgen und Probleme, die Sie sonst mit sich herumtragen, für diese Zeit abzulegen, ähnlich wie einen schweren Rucksack, den man auch abnehmen kann. Lenken Sie dann die Aufmerksamkeit auf die Besonderheiten des Augenblicks und nehmen Sie diesen mit allen Sinnen wahr. Tauchen Sie ganz in den Moment ein und Sie werden die wohltuende Wirkung feststellen.

Dauer:

5–10 Minuten

Wirkung:

Achtsamkeit, Stressabbau, Förderung von Kraft und Energie

Neue Wege gehen

„Im Wald zwei Wege boten sich mir dar,
und ich nahm den, der weniger begangen war."
Henry David Thoreau

Die Übung:

Im Alltag sind wir häufig gewohnt, die ausgetretenen Pfade zu gehen, die ganz deutlich vor uns liegen. Diese Pfade können von anderen vorgegeben sein oder sind von uns selbst ausgetreten. Viele Menschen gehen diese Wege Tag für Tag und Jahr für Jahr weiter, ohne zu hinterfragen, ob es eventuell an der Zeit ist, diese zu hinterfragen. Ob es jetzt noch die Richtigen sind oder ob es Zeit ist, über Neues nachzudenken, im Beruf oder in der Freizeit.

Nehmen Sie sich die Zeit, die Wege im Leben zu überprüfen, die Sie gehen. Bei welchen Aktivitäten und Verhaltensweisen fühlen Sie sich wohl, bei welchen nicht? Wo wäre es eventuell an der Zeit, Altes abzugeben und Neues auszuprobieren, vielleicht sogar etwas zu riskieren? Die ersten Schritte können Sie sich erleichtern, indem Sie zunächst kleine Dinge ändern. Probieren Sie zum Beispiel aus, wie es ist, einen etwas anderen Weg zur Arbeit zu nehmen. Ändern Sie die Route etwas und lassen Sie sich auf eine Entdeckungsreise ein. Beobachten Sie, was es hier zu sehen und zu entdecken gibt, und Sie werden erstaunt sein über die neuen Eindrücke.

Dauer:

einige Minuten

Wirkung:

Achtsamkeit, Selbstreflexion, kognitive Umstrukturierung

Kapalabhati – Der leuchtende Schädel

Die Übung:
Mit dieser Yoga-Atemübung, die übersetzt „leuchtender Schädel" heißt, wird die Konzentration intensiv auf die Atmung gelenkt, der Fluss der Gedanken wird unterbrochen und die innere Energie aktiviert.
Nehmen Sie die Yoga-Sitzhaltung im Schneidersitz oder Lotussitz ein. Legen Sie die Hände mit dem Handrücken auf die Knie und formen Sie das Chinmudra, indem Sie Daumen und Zeigefinger zusammenführen und die restlichen Finger leicht ausstrecken. Führen Sie zunächst einige ruhige und gleichmäßige Atemzüge durch. Beginnen Sie dann mit Kapalabhati, indem Sie hintereinander kraftvoll ausatmen und dabei das Zwerchfell nach innen drücken und die Atemluft durch die Nase herauspressen. Diese forcierte Ausatmung soll kraftvoll und aktiv geschehen. Die Atemzüge erfolgen rasch hintereinander, die Einatmung dauert ca. eine Sekunde, die Ausatmung ca. eine Viertelsekunde. Wiederholen Sie diese Atmung 20–100 Mal (ca. ein bis zwei Minuten). Atmen Sie dann zwei- bis dreimal normal ein und aus. Atmen Sie dann tief ein, halten Sie den Atem für 20–120 Sekunden an (so lange es für Sie noch angenehm ist), die Konzentration ist auf den Punkt zwischen den Augenbrauen oder der Schädeldecke gerichtet. Atmen Sie dann langsam und gleichmäßig aus. Atmen Sie dann wieder zwei- bis dreimal normal ein und aus.
Beginnen Sie dann mit der nächsten Runde. Insgesamt können Sie ein bis fünf Runden üben.
Im Anschluss bleiben Sie noch einige Minuten sitzen und atmen Sie ruhig und gleichmäßig weiter. Sie können dann die Veränderung bemerken, wie der Kopf freier und klarer geworden ist und die Energie Kopf und Körper durchströmt.

Dauer: 5–10 Minuten

Wirkung: Achtsamkeit, Meditation, gedankliches Abschalten, Stressabbau, Stärkung des inneren Gleichgewichtes, Förderung von Kraft und Energie, Konzentration

Diese Übung sollte vorsichtig begonnen und dann langsam gesteigert werden. Es empfiehlt sich das Einüben mit einem Yoga-Trainer.

„Die Weisheit des Lebens besteht im Ausschalten der unwesentlichen Dinge."
Chinesisches Sprichwort

Der Gong – Stilleübung

*„Der Raum des Geistes,
dort wo er seine Flügel öffnen kann,
das ist die Stille."*
Antoine de Saint-Exupéry

Die Übung:

Mit dieser Übung schärfen Sie Ihre Sinne für die Stille. Verwenden Sie dazu einen Gong (auch als Handy-App erhältlich und somit „fast" immer mit dabei).
Nehmen Sie eine angenehme Position im Sitzen oder Stehen ein, atmen Sie ruhig und gleichmäßig, schließen Sie die Augen und lassen Sie die Gedanken an den Alltag los. Schlagen Sie dann den Gong und lenken Sie die gesamte Aufmerksamkeit auf das Geräusch. Wie sich der Gong anhört, das Schwingen des Tones, die Veränderung, das Leiserwerden und wie der Ton schließlich zunehmend verebbt und ganz abklingt, bis schließlich nur mehr die Stille zu hören ist.

Dauer:

einige Minuten

Wirkung:

Achtsamkeit, Meditation, gedankliches Abschalten, Stressabbau, Konzentration

Die Rosinen-Übung

Die Übung:

Die Rosinen-Übung ist ein Klassiker der Achtsamkeit. Nehmen Sie eine Rosine zur Hand und lenken Sie nacheinander alle Sinne auf die Rosine. Betrachten Sie die Rosine. Wie sieht die Rosine aus? Welche Farbe können Sie sehen? Stellen die dunkler und heller sind, Lichtreflexe an anderen Stellen. Wie sieht die Oberfläche aus, die Form? Lauschen Sie dann dem Klang der Rosine. Nehmen Sie die Rosine zwischen Daumen und Zeigefinger und halten Sie die Rosine zum Ohr. Drücken Sie etwas. Können Sie ein Geräusch hören? Welcher Klang entsteht beim Drücken und Drehen der Rosine? Wenn Sie die Augen schließen, können Sie die Geräusche noch besser wahrnehmen. Achten Sie dann darauf, wie sich die Rosine anfühlt. Was können Sie spüren? Die Oberfläche, die Form, die Konsistenz, vielleicht auch ein klebriges Gefühl. Tasten Sie die Rosine zuerst in einer Hand, dann in der anderen, um herauszufinden, ob es einen Unterschied gibt.
Halten Sie dann die Rosine zur Nase und schließen Sie die Augen. Was können Sie riechen? Einen leicht süßlichen Geruch und vielleicht auch noch anderes. Nehmen Sie die Rosine dann in den Mund und achten Sie auf den Geschmack. Wie schmeckt die Rosine auf der Zunge, weiter vorne und weiter hinten? Wie verändert sich der Geschmack, wenn Sie etwas auf die Rosine beißen, diese dann zerkauen und schlucken?
Wo war Ihr Geist während dieser Übung? Bei der Rosine oder auf Wanderschaft? Wenn Sie Ihre Aufmerksamkeit die meiste Zeit auf die Rosine gerichtet haben, dann waren Sie tatsächlich in einem achtsamen Zustand.

Dauer:

5–8 Minuten

Wirkung:

Achtsamkeit, Meditation, gedankliches Abschalten, Entspannung, Stressabbau, Stärkung des inneren Gleichgewichtes, Konzentration

„Die ganze Kunst war: sich fallen lassen [...] Hatte man das einmal getan, hatte man einmal sich dahingegeben, sich anheimgestellt, sich ergeben, hatte man einmal auf alle Stützen und jeden festen Boden unter sich verzichtet, hörte man ganz und gar nur noch auf den Führer im eigenen Herzen, dann war alles gewonnen, dann war alles gut, keine Angst mehr, keine Gefahr mehr."
Hermann Hesse, Klein und Wagner

Selbsthypnose: Loslassen und Problemlösen

Die Übung:

Nehmen Sie eine angenehme Sitzposition ein, schließen Sie die Augen, atmen Sie ruhig und gleichmäßig und nehmen Sie sich Zeit für die Selbsthypnose. Lassen Sie die Gedanken an den Alltag los, die Spannung in den Muskeln los, Aktivierung und Unruhe in den inneren Organen los, alles los. Genauso wie es gut tut, nach einer Anstrengung, einer Leistung im Beruf oder privat, sich die Zeit zu nehmen, sich zurückzulehnen, abzuschalten und loszulassen. Sich zu erlauben, einmal innezuhalten, jetzt innezuhalten, um einige Schritte zurückzugehen, um das Thema oder das Problem, das einen beschäftigt hat, mit etwas Abstand zu betrachten. Vielleicht sogar aus einer Art Vogelperspektive, bei der das, was zuvor noch ganz nah gewesen war, ganz dringlich und schwierig, zunehmend kleiner wird, wie beim Fliegen, wenn alles kleiner und kleiner wird, immer unbedeutender. Und genauso wie bestimmte Dinge durch den Abstand kleiner werden, verändert sich auch der Blickwinkel, können jetzt andere Seiten sichtbar werden, Seiten, die man zuvor noch nicht erkannt hat, die aber jetzt, wo man alles aus der Vogelperspektive betrachtet, ganz deutlich werden. Und so wie sich neue Seiten auftun, verändert sich das Thema oder das Problem, wird es weniger drängend, kann es sich verändern, Wege und Lösungen offenbaren, die jetzt ganz klar sind. Sie können diese Veränderungen noch etwas auf sich wirken lassen und dann, wenn Sie ausgiebig in diesem Zustand verweilt haben, langsam, nach Ihrem eigenen Rhythmus wieder zurückkommen. Atmen Sie dazu ein paar Mal kräftig ein und wieder aus, schütteln und strecken Sie die Arme und Beine und öffnen Sie die Augen, um wieder ganz zurückzukommen in das Hier und Jetzt.

Dauer:

10–15 Minuten

Wirkung:

Selbsthypnose, kognitive Umstrukturierung, Selbstreflexion, Stressabbau

„Lerne Konzentration und wende Sie in jeder Weise an. So verlierst Du nichts. Wer das Ganze hat, hat auch die Teile."
Swami Vivekananda

Fingerchaos

Die Übung:

Diese Achtsamkeits- und Konzentrationsübung ist gut geeignet, um stressreiche, negative Gedanken zu unterbrechen und den Kopf freizumachen. Die Übung wird gerne für Kinder und Jugendliche in der Schule verwendet, hat sich aber ebenso gut bei Erwachsenen bewährt.

Das Fingerchaos kann im Sitzen oder Stehen durchgeführt werden. Halten Sie die Hände vor dem Körper auf Bauchhöhe nebeneinander. Die Spitze des rechten Daumens berührt die Fingerkuppe des linken kleinen Fingers. Dann legen Sie den linken Daumen auf die Spitze des rechten kleinen Fingers. Sogleich wird die erste Verbindung (zwischen Daumen rechts und kleinem Finger links) losgelassen und der rechte Daumen legt sich (in einer Bahn über den linken Daumen verlaufend) auf den linken Ringfinger. Legen Sie daraufhin den linken Daumen auf den rechten Ringfinger. Danach den rechten Daumen auf den linken Mittelfinger und den linken Daumen auf den rechten Mittelfinger usw.

Wie beim Treppensteigen stellen die Finger einzelne Stufen dar, die der Reihe nach mit dem gegenüberliegenden Daumen belegt werden. Die Übergänge dabei sind fließend. Ist man bei den Zeigefingern angelangt, dann fährt man wieder mit den kleinen Fingern fort.

Die Übung wird mehrmals wiederholt, die Bewegungsabfolge ist gleichmäßig und das Tempo kann zunehmend gesteigert werden. Dabei ist es wichtig, dass Sie ganz ruhig und gleichmäßig weiteratmen.

Während dieser Konzentrationsübung ist man meistens so sehr mit den Fingern beschäftigt, dass alle andere Gedanken an den Alltag in den Hintergrund treten und der Geist ganz fokussiert wird.

Dauer:

5–10 Minuten

Wirkung:

Achtsamkeit, Meditation, gedankliches Abschalten, Entspannung, Stressabbau, Konzentration

Body-Scan im Alltag

„Im Zen heißt es, dass durch die Fähigkeit, inmitten der Welt Achtsamkeit zu üben, weit mehr Kraft entsteht, als durch das einsame Sitzen und Vermeiden von Aktivität. Die tägliche Arbeit also ist der Meditationsraum, die zu erledigende Arbeit die Übung."
Philip Kapleau

Die Übung:

Achten Sie im Alltag zu verschiedenen Zeiten auf Ihre Körperhaltung. Besonders geeignet sind Zeiten, die mit einem „Leerlauf" verbunden sind, wie das Warten an einer Ampel, beim Einschalten des Computers, vor oder nach einer Pause. Sie können Sich auch während der Arbeit durch einen Signalton am Handy oder PC (z. B. jede Stunde) an diese Übung erinnern lassen.

Achten Sie währenddessen auf die Haltung des Körpers, den Kopf, die Schultern, Arme und Hände, Oberkörper, Becken, Beine und Füße. Haben Sie eine zusammengesunkene, gebückte oder aufrechte, „würdevolle" Haltung? Ist der Kopf vorgestreckt oder im Lot der Körperachse? Sind die Gesichtsmuskeln angespannt oder entspannt? Sind die Arme verkrampft oder locker? Die Beine fest verankert auf dem Boden?

Gehen Sie die verschiedenen Körperbereiche nacheinander durch und korrigieren Sie die Haltung sofort, falls Ihnen ein Ungleichgewicht auffällt.

Dauer:

wenige Minuten

Wirkung:

Entspannung, Achtsamkeit, Stressabbau, Stärkung des inneren Gleichgewichtes, Konzentration

Der Aufmerksamkeitsscheinwerfer nach außen: Sehen

"Vor lauter Alles sehen wir nichts mehr."
Walter Ludin

Die Übung:

Bei dieser Übung wird die Aufmerksamkeit auf einen engen, umgrenzten Bereich der Außenwelt des Sehens gelenkt, während alles andere rundherum ausgeblendet wird, ähnlich wie bei einem Scheinwerfer.
Richten Sie Ihre Aufmerksamkeit auf etwas, das Sie in der Umgebung sehen können. Das kann in der Natur ein Baum, eine Wiese oder ein Bach sein, in der Wohnung oder im Haus ein Bild, eine Vase oder ein Teppich. Fokussieren Sie die gesamte Aufmerksamkeit nur auf diesen Anblick, lassen Sie alles andere ganz unwichtig werden, in den Hintergrund treten und sich auflösen. Sie können alle Details betrachten, die Form, die Farben, die Muster oder auch die Bewegung. Nehmen Sie einfach wahr, ohne zu bewerten oder zu analysieren. Und je länger Sie dorthin sehen, umso mehr können Ihnen vielleicht auch kleine Einzelheiten auffallen, die zu Beginn noch nicht sichtbar waren. Verfolgen Sie die Formen und Muster mit Ihrem Blick, fahren Sie verschiedene Linien und Kurven mit Ihren Augen nach, mal in die eine, mal in die andere Richtung.
Führen Sie diese Übung für einige Minuten aus und atmen Sie währenddessen ganz ruhig und gleichmäßig weiter.

Dauer:

ca. 5 Minuten

Wirkung:

Achtsamkeit, Meditation, gedankliches Abschalten, Entspannung, Selbsthypnose, Stressabbau, Konzentration

Der Aufmerksamkeitsscheinwerfer nach außen: Hören

*„Man muss die Musik des Lebens hören.
Die meisten hören nur die Dissonanzen."*
Theodore Fontane

Die Übung:

Bei dieser Übung wird die Aufmerksamkeit auf die Außenwelt des Hörens gelenkt, während alle anderen Sinneseindrücke und Gedanken ausgeblendet werden.
Wenden Sie sich einer Sache zu, die Sie hören können. Am besten gelingt dies mit Geräuschen aus der Natur, wie das Plätschern des Wassers, das Rauschen des Windes oder das Zwitschern der Vögel. Sie können in der Wohnung oder in einer Pause im Büro auch Naturgeräusche als MP3 verwenden.
Fokussieren Sie die gesamte Aufmerksamkeit auf das, was Sie hören können, lassen Sie alles andere in den Hintergrund treten und unwichtig werden. Nehmen Sie die Geräusche einfach wahr, ohne zu bewerten oder zu analysieren. Achten Sie auf die Feinheiten der Geräusche, auf die Variationen und Veränderungen, auf das Lauter- und Leiserwerden. Je länger Sie hinhören, umso mehr können auch kleine Einzelheiten auffallen, die zu Beginn noch nicht hörbar waren.
Führen Sie diese Übung für einige Minuten aus und atmen Sie währenddessen ganz ruhig und gleichmäßig weiter.

Dauer:

ca. 5 Minuten

Wirkung:

Achtsamkeit, Meditation, gedankliches Abschalten, Entspannung, Selbsthypnose, Stressabbau, Konzentration

Der Aufmerksamkeitsscheinwerfer auf Weitwinkel

„Wenn wir wirklich lebendig sind, ist alles, was wir tun und spüren, ein Wunder. Achtsamkeit zu üben bedeutet, zum Leben im gegenwärtigen Moment zurückzukehren."
Thich Nhat Hanh

Die Übung:

Bei dieser Übung wird die Aufmerksamkeit auf einen weiten Bereich in der Außenwelt gelenkt. Es soll alles wahrgenommen werden, was über die fünf Sinne erfahrbar ist. Das Sehen, Hören, Spüren, Riechen und Schmecken. Die Gedanken an Vergangenes oder Zukünftiges, an Stress oder Sorgen sollen während dieser Übung ausgeblendet und unwichtig werden oder noch besser sich auflösen.

Diese Übung lässt sich besonders gut in der Natur anwenden, beim Sitzen, Stehen oder Gehen. Suchen Sie einen Platz aus, an dem Sie sich wohlfühlen, vielleicht einen ganz persönlichen Kraftort. Nehmen Sie alles wahr, was an diesem Ort vorhanden ist. Das, was Sie sehen, hören, spüren, riechen und schmecken können. Sie brauchen nichts zu bewerten oder zu analysieren, sondern einfach nur wahrzunehmen, was dieser Ort an reichhaltigen Eindrücken und Empfindungen zu bieten hat. Wandern Sie mit der Aufmerksamkeit zunächst alle Sinne hintereinander durch, das Sehen, Hören, Spüren, Riechen und Schmecken. Erweitern Sie dann den Fokus Ihrer Aufmerksamkeit auf das Ganze, ähnlich wie bei einem Weitwinkelobjektiv, und schließen Sie alle Sinneseindrücke mit ein.

Dauer:

5–10 Minuten

Wirkung:

Achtsamkeit, Meditation, gedankliches Abschalten, Entspannung, Selbsthypnose, Stressabbau, Konzentration

Das Morgenritual: Achtsames Duschen

„Aus der Perspektive der Meditation ist jeder Zustand ein besonderer Zustand, und jeder Moment ein besonderer Moment."
Jon Kabat-Zinn

Die Übung:

Mit dem Morgenritual „Achtsames Duschen" können Sie den Tag mit einer tollen Erfahrung beginnen. Bleiben Sie dabei ganz bewusst im Augenblick des Duschens. Nehmen Sie wahr, wie sich das heiße Wasser auf der Haut anfühlt, wie sich das Gefühl verändert, wenn Sie sich um Ihre Achse drehen. Sie können den Wasserstrahl beobachten, wie dieser zu feinen Tröpfchen zerstäubt wird. Sie können auch das Licht betrachten, das sich mit zunehmendem Dampf verändert, das Spiel von Licht und Schatten. Dann können Sie auf das Gefühl im Körper achten, wie sich die Wärme im Körper ausbreitet, die Energie des warmen Wassers aufgenommen wird, oder die angenehme Erfrischung, wenn die Wassertemperatur etwas kühler ist. Achten Sie auf die Entspannung, die sich in den Muskeln einstellt, wenn die Schultern ganz locker werden. Hören Sie auf die Geräusche des Wassers, wie sich das Rauschen verändert, wenn Sie sich drehen und das Wasser immer wieder neu auf den Körper trifft. Weiten Sie dann die Achtsamkeit auf alle Empfindungen aus, nehmen Sie alle Eindrücke wahr, die im Moment vorhanden sind, und genießen Sie dieses achtsame Erwachen.

Dauer:

5–10 Minuten

Wirkung:

Achtsamkeit, gedankliches Abschalten, Entspannung, Stressabbau, Stärkung des inneren Gleichgewichtes, Förderung von Kraft und Energie, Konzentration

Das Abendritual: Achtsames Einschlafen

„Der Schlaf ist doch die köstlichste Erfindung."
Heinrich Heine

Die Übung:

Die Art, wie wir einschlafen, hat Auswirkungen auf die Qualität und Erholsamkeit des Schlafes. Das achtsame Einschlafen ist eine gute Möglichkeit, den Tag abzuschließen und entspannt in den Schlaf hinüberzugleiten. Legen Sie sich ganz angenehm in Ihr Bett und nehmen Sie Ihre bevorzugte Einschlafposition ein. Machen Sie sich Ihre Atmung bewusst, wie Sie ein- und ausatmen. Achten Sie darauf, wie sich Ihr Körper anfühlt, wie Sie auf der Unterlage aufliegen, wo mehr und wo weniger. Ob Sie auf der Seite, auf dem Rücken oder auf dem Bauch liegen. Wie die Hände neben dem Körper liegen, ob die Beine ausgestreckt oder angezogen sind. Achten Sie darauf, wie Ihr Kopf aufliegt, ob Sie den Kopf noch etwas halten oder bereits ganz angenehm auf das Kissen sinken lassen. Spüren Sie die Wärme, die sich unter der Bettdecke zunehmend ausbreitet, das wohlige Gefühl, das sich im Körper entwickelt, wenn Sie alles loslassen, die Spannung im Körper und die Gedanken an den Alltag. Einfach nur liegen, wahrnehmen und genießen.

Dauer:

einige Minuten

Wirkung:

Achtsamkeit, Meditation, gedankliches Abschalten, Entspannung, Stressabbau

Musik zum Träumen

*„Die Musik drückt das aus,
was nicht gesagt werden kann
und worüber zu schweigen unmöglich ist."*
Victor Hugo

Die Übung:

Musik hat die besondere Eigenschaft, uns innerhalb kurzer Zeit gedanklich in eine andere Welt zu entführen. Das können Erinnerungen an einen schönen Urlaub oder auch Phantasiereisen sein. Lassen Sie sich auf eine Reise mitnehmen, indem Sie eine Musik wählen, mit der Sie etwas Besonderes verbinden, wie einen Urlaub, ein gemeinsames Erlebnis mit dem Partner oder ein berauschendes Konzert. Schließen Sie die Augen, lehnen Sie sich zurück und lassen Sie sich verführen. Tauchen Sie ganz in den Musikgenuss ein und nehmen Sie wahr, welche Erinnerungen und Gedanken auftauchen. Welche Bilder damit verbunden sind, welche Gefühle im Körper und vielleicht auch bestimmte Geruchs- und Geschmackserlebnisse. All diese Erlebnisse können Sie auf sich wirken lassen. Sie können sich treiben lassen wie in einem großen Strom, bei dem alles wie von selbst geschieht. Dadurch tauchen Sie immer tiefer ein in einen Zustand der Trance, wie bei einer Hypnose. Genießen Sie dieses Erlebnis, alles einfach geschehen zu lassen und zu spüren, wie sich die Wirkung der Musik immer weiter entfaltet.

Dauer:

5–15 Minuten

Wirkung:

Selbsthypnose, gedankliches Abschalten, Entspannung, Stressabbau, Stärkung des inneren Gleichgewichtes, Förderung von Kraft und Energie

„Es gibt keinen Grund, sich über Tatsachen zu ärgern."
Chinesische Weisheit

Mit Achtsamkeit körperliche Beschwerden transformieren

Die Übung:

Diese Achtsamkeitsübung bietet sich an, wenn Sie körperliche Beschwerden haben. Sie lenken dabei die Aufmerksamkeit zunächst auf die Beschwerden, nehmen diese wahr, ohne zu bewerten, nehmen diese so gut wie möglich an, in einer Grundhaltung der Gelassenheit und Offenheit. Die Devise „Es ist O. K., wie es ist" hilft besonders bei Tatsachen, die nicht veränderbar sind. Nehmen Sie die Details der Beschwerden wahr, wo diese vorhanden sind, wie sie sich anfühlen, ob ein bestimmter Rhythmus vorhanden ist, ob es Veränderungen gibt.

Lenken Sie dann die Aufmerksamkeit wie einen Scheinwerfer auf die Außenwelt, auf das, was Sie sehen, hören und von außen fühlen können. Vielleicht ein Spaziergang in der Natur, bei dem Sie die Vielfalt der Pflanzen sehen können, den Himmel über Ihnen, vielleicht Wolken, die vorbeiziehen. Sie können auf die Geräusche achten, das Rascheln der Blätter im Wind, das Knirschen des Schotters bei jedem Schritt, vielleicht auch das Gemurmel anderer Menschen in der Nähe oder das Summen von Mücken und Bienen. Sie können auch die Luft auf Ihrer Haut spüren, angenehm warm oder erfrischend kühl, den Kontakt bei jedem Schritt mit dem Untergrund, wie der Fuß abrollt, die Arme mitschwingen. Den gleichmäßigen Atem und wie dadurch die Beschwerden immer weiter in den Hintergrund treten und unwichtiger werden. Bleiben Sie mit der Achtsamkeit bei den aktuellen Eindrücken und lassen Sie diese noch etwas weiterwirken.

Dauer:

5–10 Minuten

Wirkung:

Achtsamkeit, gedankliches Abschalten, Entspannung, kognitive Umstrukturierung, Stressabbau

„Wer zu lesen versteht, besitzt den Schlüssel zu großen Taten, zu unerträumten Möglichkeiten."
Aldous Huxley

Achtsamkeit beim Lesen

Die Übung:

Manche Menschen sind so sehr mit Ihren Gedanken, Sorgen und Ängsten beschäftigt, dass es ihnen sogar schwerfällt, beim Lesen bei der Sache zu bleiben. Sie müssen mitunter einen Absatz mehrmals lesen, um sich die Geschichte zu merken. Falls dies bei Ihnen der Fall ist, kann Ihnen folgende Übung helfen.
Nehmen Sie einen Roman oder einen Artikel zur Hand, machen Sie es sich bequem und reduzieren Sie alle Störreize von außen, wie Radio, TV oder Internet. Atmen Sie ruhig und gleichmäßig, führen Sie eventuell eine Entspannungs- oder Achtsamkeitsübung durch und lenken Sie dann die gesamte Aufmerksamkeit auf das Buch oder die Zeitschrift. Bevor Sie die Sätze lesen, betrachten Sie die Seite, aus welchem Papier diese ist, die Schriftart, die Größe der Schrift, die Abbildungen oder Fotos, die sich vielleicht auf der Seite befinden. Beginnen Sie dann langsam zu lesen, lassen Sie sich dabei Zeit, vermeiden Sie, über die Wörter zu springen. Bleiben Sie ganz im Augenblick. Lesen Sie jedes Wort, jeden Satz sorgfältig und langsam durch. Lassen Sie jeden Satz wirken, achten Sie auf alle Einzelheiten des Geschriebenen und die Wirkung, die diese auf Sie ausüben. Wenn Sie einen Absatz gelesen haben, halten Sie kurz inne und wiederholen Sie die Geschichte gedanklich noch einmal. Erst wenn Sie die Gewissheit haben, ganz bei der Sache zu sein und der Geschichte gut folgen zu können, lesen Sie weiter. Fahren Sie auf diese Art und Weise mit dem weiteren Text fort und Sie werden feststellen, dass es immer besser gelingt, ganz bei der Geschichte zu bleiben.

Dauer:

Minuten bis Stunden

Wirkung:

Achtsamkeit, gedankliches Abschalten, Entspannung, Stressabbau, Konzentration

„Stärke wächst nicht aus körperlicher Kraft –
vielmehr aus unbeugsamem Willen."
Mahatma Gandhi

Selbsthypnose: Fest verankert wie ein Baum

Die Übung:

Nehmen Sie eine angenehme Sitzposition ein, schließen Sie die Augen, atmen Sie ruhig und gleichmäßig und nehmen Sie sich Zeit für die Selbsthypnose. Lassen Sie die Gedanken an den Alltag weiterziehen und achten Sie darauf, wie sich Ihr Körper anfühlt. Wie Sie im Sessel sitzen, den Kopf aufrecht, die Schultern locker, den Rücken angelehnt, die Arme liegen auf, der Kontakt mit der Sitzfläche, die Beine, die ganz locker sind, und die Füße, die fest verankert auf dem Boden stehen. Genau so fest verankert, wie ein Baum auf einer prachtvollen Wiese einer Lichtung. Mit breit auskragender Krone, mit festem Stamm und tiefen starken Wurzeln, die ihn fest im Boden verankern. Das kann ein Laubbaum sein oder ein Nadelbaum, an einem schönen Frühlingstag, an dem alles wunderbar erblüht, oder im Herbst, wenn sich alles in prächtig intensiven Farben verfärbt. So oder so können Sie ganz an diesen Ort eintauchen, alles intensiv wahrnehmen, die Farben, das Licht, die majestätische Gestalt des Baumes, die Geräusche der Natur, das Spüren des Stammes, wenn Sie ihn berühren oder umarmen, den Geruch des Holzes und vielleicht auch ein bestimmter Geschmack auf der Zunge. Ganz eintauchen an diesen Ort mit diesem Baum, der fest verankert ist, ganz in sich ruhend, eine Gelassenheit und Kraft ausstrahlt, die guttut. Eine Kraft und Gelassenheit, die Sie spüren können, aufnehmen und fest in sich abspeichern.
Wenn Sie dann ausgiebig in diesem Zustand verweilt haben, können Sie nach Ihrem eigenen Rhythmus wieder zurückkommen. Mit einigen tiefen Atemzügen, indem Sie sich strecken und die Arme und Beine etwas schütteln und dann die Augen wieder öffnen.

Dauer:

10–15 Minuten

Wirkung:

Selbsthypnose, gedankliches Abschalten, kognitive Umstrukturierung, Stressabbau, Stärkung des inneren Gleichgewichtes, Förderung von Kraft und Energie

Kopfrollen

*„Tu deinem Leib etwas Gutes,
damit deine Seele Lust hat, darin zu wohnen."*
Teresa von Ávila

Die Übung:

Diese Übung ist besonders zur Entspannung und Lockerung der Nacken- und Halsmuskeln geeignet und lässt sich sehr gut zwischendurch im Alltag durchführen.

Stellen Sie sich aufrecht hin, achten Sie darauf, dass sich der Kopf in der Mitte der Körperachse befindet, lassen Sie die Schultern ganz locker und die Füße fest am Boden verankert. Rollen Sie dann den Kopf im Uhrzeigersinn und atmen Sie immer dann ein, wenn Sie den Kopf über den Nacken rollen, und atmen Sie aus, wenn Sie ihn vornüber rollen. Achten Sie auf das langsame, gleichmäßige Rollen des Kopfes und den ruhigen Atemrhythmus. Bleiben Sie mit der Aufmerksamkeit ganz bei den Kopfbewegungen und der Atmung. Nehmen Sie jede kleinste Bewegung und Empfindung wahr, bleiben Sie ganz im Hier und Jetzt. Nach einigen Runden können Sie die Richtung wechseln und den Kopf entgegen dem Uhrzeigersinn rollen. Sie können während der Übung auch die Augen schließen, um den Körper noch besser wahrzunehmen.

Wenn Sie den Kopf in jeder Richtung 10–20 Mal gerollt haben, nehmen Sie wieder eine ruhige Position ein, lassen Sie die Augen geschlossen und lenken Sie die Achtsamkeit auf die Atmung.

Dauer:

5–10 Minuten

Wirkung:

Achtsamkeit, Meditation, gedankliches Abschalten, Entspannung, Stressabbau

Die Ruhe- und Schwereübung

„In der Ruhe liegt die Kraft."
Konfuzius

Die Übung:

Die Ruhe- und Schwereübung aus dem Autogenen Training ist eine Form der Selbsthypnose, bei der über die Gedanken Einfluss auf den Körper genommen wird. Die Ruhe- und Schwereübung ist der Beginn des Autogenen Trainings und kann auch für sich alleine durchgeführt werden.
Nehmen Sie sich Zeit für die Entspannung, nehmen Sie eine angenehme Position ein, im Sitzen oder Liegen, und schließen Sie die Augen. Beginnen Sie mit der Ruheformel: „Ich bin ganz ruhig." Wiederholen Sie die Formel mehrmals für ca. eine Minute. Lenken Sie dann die gesamte Konzentration auf Ihren rechten Arm (oder linken Arm, wenn Sie Linkshänder sind). Sagen Sie sich innerlich folgende Formel vor: „Ich bin ganz ruhig. Mein rechter (linker) Arm ist ganz schwer." Wiederholen Sie diese Formel ca. sechsmal und achten Sie auf die Empfindungen im Arm. Durch die Suggestionen wird der Körper angeregt, darauf zu reagieren, wobei Sie nichts erzwingen können und im Sinne einer passiven Konzentration die Veränderungen einfach geschehen lassen.
Wenn Sie die Schwere im rechten (linken) Arm spüren können, lassen Sie die Schwere in beiden Armen ausbreiten mit der Formel „Beide Arme sind ganz schwer". Wiederholen Sie die Formel wieder ca. sechsmal. Achten Sie auch hier auf die feinsten Veränderungen, die sich entwickeln. Am Ende der Übung können Sie sich zurücknehmen, indem Sie die Arme mehrmals energievoll beugen und strecken, dreimal tief ein- und ausatmen und dann die Augen wieder öffnen.

Dauer:

5–10 Minuten

Wirkung:

Selbsthypnose, Achtsamkeit, gedankliches Abschalten, Entspannung, Stressabbau, Stärkung des inneren Gleichgewichtes, Konzentration

Die Wärmeübung

> *„Wär' nicht das Auge sonnenhaft,*
> *Die Sonne könnt' es nie erblicken;*
> *Lebt' nicht in uns Gottes eigne Kraft,*
> *Wie könnt' uns Göttliches entzücken?"*
> Johann Wolfgang von Goethe

Die Übung:

Die Wärmeübung ist die zweite Übung aus dem Autogenen Training und wird traditionell nach der Ruhe- und Schwereübung durchgeführt, kann aber auch alleine verwendet werden.

Nehmen Sie sich Zeit für die Entspannung, nehmen Sie eine angenehme Position ein, im Sitzen oder Liegen, und schließen Sie die Augen.

Beginnen Sie mit der Ruheformel: „Ich bin ganz ruhig." Wiederholen Sie die Formel mehrmals für ca. eine Minute.

Lenken Sie dann die gesamte Konzentration auf Ihren rechten Arm (oder linken Arm, wenn Sie Linkshänder sind). Sagen Sie sich innerlich folgende Formel vor: „Mein rechter (linker) Arm ist ganz warm, strömend warm." Wiederholen Sie diese Formel ca. sechsmal und achten Sie auf die Empfindungen im Arm. Sie können nach einigen Malen vielleicht ein leichtes Kribbeln fühlen oder ein Wärmegefühl in den Fingern.

Wenn Sie die Wärme im rechten (linken) Arm spüren können, lassen Sie die Wärme in beide Arme ausbreiten mit der Formel „Beide Arme sind ganz warm, strömend warm". Wiederholen Sie die Formel wieder ca. sechsmal. Achten Sie auch hier auf die Veränderungen, die sich entwickeln.

Am Ende der Übung können Sie sich zurücknehmen, indem Sie die Arme mehrmals energievoll beugen und strecken, dreimal tief ein- und ausatmen und dann die Augen wieder öffnen.

Dauer:

5–10 Minuten

Wirkung:

Selbsthypnose, Achtsamkeit, gedankliches Abschalten, Entspannung, Stressabbau, Stärkung des inneren Gleichgewichtes, Konzentration

Die Herzübung

*„Man sieht nur mit dem Herzen gut,
das Wesentliche ist für die Augen unsichtbar."*
Antoine de Saint-Exupéry

Die Übung:

Die Herzübung ist die dritte Übung aus dem Autogenen Training und wird traditionell nach der Ruhe-, Schwere- und Wärmeübung durchgeführt, kann aber auch alleine verwendet werden.
Nehmen Sie sich Zeit für die Entspannung, nehmen Sie eine angenehme Position ein, im Sitzen oder Liegen, und schließen Sie die Augen.
Beginnen Sie mit der Ruheformel: „Ich bin ganz ruhig." Wiederholen Sie die Formel mehrmals für ca. eine Minute.
Lenken Sie dann die gesamte Konzentration auf das Herz. Achten Sie auf das Gefühl im Brustkorb und wie sich der Herzschlag anfühlt. Sagen Sie sich innerlich folgende Formel vor: „Das Herz schlägt ruhig und gleichmäßig."
Wiederholen Sie diese Formel ca. sechsmal und achten Sie auf die Empfindungen im Brustkorb und Herzbereich. Vielleicht können Sie spüren, wie sich der Herzschlag im Rhythmus des Atmens verändert, beim Einatmen etwas schneller wird und beim Ausatmen etwas langsamer. Je mehr sich der Körper entspannt, umso deutlicher ist dieser Rhythmus zu spüren.
Am Ende der Übung können Sie sich zurücknehmen, indem Sie die Arme mehrmals energievoll beugen und strecken, dreimal tief ein- und ausatmen und dann die Augen wieder öffnen.

Dauer:

5–10 Minuten

Wirkung:

Selbsthypnose, Achtsamkeit, gedankliches Abschalten, Entspannung, Stressabbau, Stärkung des inneren Gleichgewichtes, Konzentration

Die Kerzen-Meditation

*„Nur in einem ruhigen Teich
spiegelt sich das Licht der Sterne."*
Buddha

Die Übung:

Die Kerzen-Meditation bietet sich besonders im Winter an. Zünden Sie dazu eine Kerze an und nehmen Sie eine angenehme, aufrechte Sitzposition ein. Sie können die Übung auf einem Sessel oder am Boden auf einem Sitzkissen durchführen. Achten Sie auf einen aufrechten Rücken, eine gerade und würdevolle Kopfhaltung und atmen Sie ruhig und gleichmäßig ein und aus.
Lenken Sie Ihre Aufmerksamkeit auf die Kerze, betrachten Sie nur das Kerzenlicht und lassen Sie alles andere in den Hintergrund treten. Die Gedanken an den Alltag, Erinnerungen oder Sorgen einfach loslassen und die Aufmerksamkeit nur auf die Kerze lenken. Betrachten Sie Farbe und Form des Lichtes, das Flackern durch einen leichten Luftzug, die Veränderungen der Form, indem die Flamme manchmal schlank und hoch ist, dann wieder breiter oder sich mal in die eine, mal in die andere Richtung neigt. Nehmen Sie alle Details wahr und vergessen Sie alles andere rundherum.

Dauer:

5–10 Minuten

Wirkung:

Achtsamkeit, Meditation, gedankliches Abschalten, Entspannung, Stressabbau, Förderung von Kraft und Energie, Konzentration

Die entspannte Bauchatmung

„Der Atem ist die Brücke zwischen Leben und Bewusstsein, und er vereinigt Körper und Gedanken."
Thich Nhat Hanh

Die Übung:

Nehmen Sie eine angenehme Position im Sitzen oder Liegen ein. Die Hände liegen auf den Oberschenkeln oder neben dem Körper. Lassen Sie alle Muskeln des Körpers ganz entspannt.

Achten Sie nun auf Ihren Atemrhythmus und wie sich die Bauchdecke bei jedem Einatmen hebt und bei jedem Ausatmen wieder senkt. Atmen Sie dann noch etwas tiefer ein und langsam wieder aus. Spüren Sie, wie sich die Lunge vollständig mit frischer Luft füllt und beim Ausatmen wieder entleert. Dabei können Sie besonders die Ausatmung betonen und etwas länger aus- als einatmen. Währenddessen bleiben Brustkorb und Schultern ganz entspannt und locker, ebenso wie die anderen Muskeln im Körper.

Führen Sie diese entspannte Bauchatmung für 5–15 Minuten weiter und achten Sie auf die angenehmen Empfindungen, die sich dabei einstellen.

Dauer:

5–15 Minuten

Wirkung:

Entspannung, Meditation, gedankliches Abschalten, Stressabbau, Stärkung des inneren Gleichgewichtes

Hindernisse überwinden

*„Verbringe die Zeit nicht mit der Suche
nach einem Hindernis.
Vielleicht ist keines da."*
Franz Kafka

Die Übung:

Wenn Sie vor einem Problem oder Hindernis stehen und nicht wissen, wie Sie dieses lösen können, halten Sie inne und überprüfen Sie Ihre Gedanken. Was geht Ihnen durch den Kopf? Welche Glaubenssätze sind vorhanden? Sind es negative Gedanken, wie „Ich schaffe das nicht" oder „Ich bin überfordert"? Mit solchen Suggestionen darf es nicht verwundern, dass sich keine Lösungen auftun.
Verändern Sie Ihr Denken, indem Sie sich weniger auf das Problem, das Hindernis konzentrieren, sondern mehr auf die Lösung und das Ziel. Suchen Sie Argumente, die Sie stärken und Ihnen Mut machen. Das können Erfahrungen von bereits gelösten Problemen sein, das Wissen um die eigenen Fähigkeiten, das, was Sie über Jahre gelernt und geübt haben, das, was Ihr Selbstvertrauen stärkt.
Mit dieser Übung polen Sie sich auf Lösungsorientierung und Sie werden feststellen, dass es dadurch viel leichter ist, Wege zum Ziel zu finden.

Dauer:

einige Minuten

Wirkung:

kognitive Umstrukturierung, Selbstreflexion, Stressabbau, Förderung von Kraft und Energie

„Einschlafen dürfen, wenn man müde ist,
und eine Last fallen lassen dürfen,
die man sehr lang getragen hat,
das ist eine köstliche, eine wunderbare Sache."
Hermann Hesse

Das Abendritual: Die Traum-Selbsthypnose

Die Übung:

Warum erst mit dem Träumen beginnen, wenn man schläft? Mit der Selbsthypnose haben Sie die Möglichkeit, mit dem Träumen bereits vor dem Einschlafen zu beginnen und damit einen wunderbaren Übergang vom Wachsein zum Schlafen zu erleben.
Legen Sie sich ganz angenehm in Ihr Bett, am besten auf den Rücken. Schließen Sie die Augen, entspannen Sie die Muskeln und atmen Sie ruhig und gleichmäßig. Lassen Sie alles, was Sie Schönes erlebt haben an diesem Tag, an Ihrem inneren Auge vorbeiziehen und erlauben Sie sich dann, alle Gedanken an den Alltag zu vergessen und in eine andere Wirklichkeit einzutauchen. Vielleicht an einen angenehmen Ort, einen Ort, an dem Sie sich wohlfühlen, alles loslassen können und nichts tun müssen. Nicht einmal daran denken, wie man einschläft, da das Einschlafen wie von selbst funktioniert und Sie schon viel früher gewusst haben, wie man ruhig und angenehm schläft, früher als Sie gelernt haben zu denken. Ganz sanft hinüberzugleiten in den Schlaf und gar nicht zu wissen, ob man noch wach ist oder bereits träumt. Wie Traum und Wirklichkeit ineinander gleiten und mancher Wachzustand sich wie ein Traum anfühlt und mancher Traum wie die Realität. So wie beides ineinander verschmilzt, geht auch der Übergang vom Wachsein zum Schlafen und Träumen ganz fließend, wie von selbst und Sie brauchen dazu gar nichts zu tun, denn Ihr Unbewusstes weiß Sie dort hinzuführen. Dort wo Sie tief und fest schlafen, mit angenehmen und süßen Träumen und sich Körper und Geist vollständig erholen, um neue Kraft zu schöpfen.

Dauer:

einige Minuten

Wirkung:

Selbsthypnose, gedankliches Abschalten, Entspannung, kognitive Umstrukturierung, Stressabbau, Stärkung des inneren Gleichgewichtes

„Betrachte beizeiten den Lauf deines Lebens und werde dir bewusst, wie viele Flüsse darin münden, die dich stützen und nähren."
Chinesisches Sprichwort

Nahrung für die Seele –
Das Lebensrad der fünf Speichen

Die Übung:

Ihr Leben ist dann im Gleichgewicht, wenn die verschiedenen Lebensbereiche ausreichend zur Geltung kommen. Diese Lebensbereiche – oder Speichen des Lebensrads – sind Familie & Soziales, Arbeit & Leistung, Hobbys, Gesundheit und Lebenssinn.
Familie & Soziales besteht aus der Kernfamilie, Verwandten, Freunden und Bekannten. Arbeit & Leistung machen der eigentliche Beruf, die Arbeiten im Haushalt und der Freizeit und ehrenamtliche Tätigkeiten aus. Hobbys sind alle Aktivitäten, denen Sie nur um ihrer selbst willen nachgehen, wie Sport, Kultur oder Lesen. Gesundheit umfasst körperliche und psychische Aspekte sowie den Lebensstil. Der Lebenssinn ist das, warum und wofür wir leben, der innere Kompass, der uns die Richtung in unserem Leben vorgibt. Dazu gehören die eigene Vision vom Leben, die Entfaltung des eigenen Potenzials sowie Religiosität und Lebensphilosophie.
Je ausgeprägter diese Bereiche vorhanden sind, umso mehr tragen sie zu einem erfüllten Leben bei. Nur wenn Sie alle fünf Speichen des Lebensrads gut entwickeln und nähren, läuft das Rad rund und ist das Leben im Gleichgewicht.
Nehmen Sie sich einige Minuten Zeit, um sich über die Entfaltung der Lebensbereiche bewusstzuwerden. Was ist gut ausgeprägt, was weniger gut? Erkennen Sie die Entwicklungsmöglichkeiten und setzen Sie die ersten Schritte, um das Lebensrad in Schwung zu bringen.

Dauer:

10–15 Minuten

Wirkung:

Selbstreflexion, kognitive Umstrukturierung, Stressabbau, Stärkung des inneren Gleichgewichtes

Das Haus als Spiegel der Seele

„Einen Edelstein betrachte in seiner Fassung,
einen Menschen in seiner Wohnung."
Aus dem Kaukasus

Die Übung:

Wir gestalten unser Haus (unsere Wohnung) nach unseren Bedürfnissen und umgekehrt wirkt auch das Haus auf unser Wohlbefinden zurück. Seien Sie achtsam mit Ihrer räumlichen Umgebung, wie Sie sich einrichten und welche Atmosphäre Sie damit schaffen. Ästhetische Vorlieben und Geschmäcker sind verschieden, entscheidend ist, dass das Haus (die Wohnung) und die Einrichtung zu Ihnen passen. So wird der Raum zum Spiegel der Seele und die Seele spiegelt den Raum wider. Eine gewisse Ordnung (sie muss nicht pedantisch-zwanghaft sein!) verhilft bei den meisten Menschen zu einer Förderung des Wohlbefindens. In der Kunst des Feng-Shui wird darauf besonders Wert gelegt. So sollen Müll und nicht Gebrauchtes entsorgt werden, um die Energie im Wohnraum wieder frei fließen zu lassen. So schwer es manchmal fällt, sich von Altem zu trennen, so sehr ist dies doch wichtig, um für Neues Platz zu schaffen. Denn das ganze Leben ist Bewegung und im Wandel, sowohl innen als auch außen.

Dauer:

10–15 Minuten

Wirkung:

Achtsamkeit, Selbstreflexion, Stärkung des inneren Gleichgewichtes, Förderung von Kraft und Energie

Achtsames Miteinander

„Das größte Geschenk, das ich geben kann, ist,
den anderen zu sehen, zu hören, zu verstehen und zu berühren."
Virginia Satir

Die Übung:

In unserer schnelllebigen und hektischen Gesellschaft ist achtsames Miteinander mehr die Ausnahme denn die Regel. Flüchtige Begegnungen, Unachtsamkeit, Egoismus und Wettbewerbsorientierung sind weit verbreitet. Ehrliche Beziehungen, Einfühlungsvermögen, Aufrichtigkeit und Stimmigkeit sind rare Güter, die im allgemeinen Trubel ganz besonders herausleuchten. Sie können ebenfalls zu diesem Leuchten beitragen, indem Sie mit Ihren alltäglichen Kontakten achtsamer umgehen. In der Familie, mit Arbeitskollegen bis zu flüchtigen Kontakten mit Verkäufern oder Mitfahrern in der U-Bahn.

Schenken Sie Ihren Mitmenschen Ihre gesamte Aufmerksamkeit, wenn Sie mit Ihnen zusammen sind. Achten Sie auf die Worte genauso wie auf die Mimik, Gestik und die Art, wie etwas erzählt wird. Seien Sie aufrichtig interessiert und wertschätzend, besonders auch dann, wenn unterschiedliche Meinungen zu einem Thema vorhanden sind. Da Aufmerksamkeit eines der größten Geschenke ist, die man jemandem geben kann, werden Sie die positive Wirkung bei Ihrem Gesprächspartner deutlich erkennen. Und diese Wirkung spiegelt sich auch wieder auf Sie selbst zurück und verstärkt Ihr soziales Netzwerk, Ihr Eingebettetsein in der Welt.

Dauer:

einige Minuten oder länger

Wirkung:

Achtsamkeit, Selbstreflexion, Stressabbau

„In steter Veränderung ist diese Welt. Wachstum und Verfall sind ihre wahre Natur. Die Dinge erscheinen und lösen sich wieder auf. Glücklich, wer sie friedvoll einfach nur betrachtet."

Buddha

Negative Emotionen transformieren

Die Übung:

Negative Gefühle sind Teil unseres Lebens und können als Folge eines bestimmten Ereignisses auftreten oder manchmal auch spontan, ohne konkreten Hintergrund. Zu den häufigsten negativen Emotionen zählen Ärger, Sorgen, Ängste, Überforderung oder Unsicherheit. Unmittelbar haben die Gefühle oft eine wichtige Funktion, sagen sie uns doch, wie wir zu einem Ereignis stehen und was das für uns bedeutet. Sie sind Teil eines Bewältigungs- und Verarbeitungsprozesses. Problematisch werden diese Gefühle, wenn Sie länger als notwendig fortbestehen, sich verselbständigen und sich in Form eines Teufelskreises aufschaukeln.
Dann ist die Zeit gekommen, um aus diesen negativen Gefühlsschleifen auszusteigen, zum Beispiel mit einer Selbsthypnose-Übung.
Nehmen Sie eine angenehme Position im Sitzen oder Liegen ein, atmen Sie ruhig und gleichmäßig und nehmen Sie sich Zeit, in die Trance einzutauchen. Geben Sie den negativen Emotionen eine Form, eine Farbe, ein Geräusch, ein Gefühl. Wo können Sie dieses Objekt wahrnehmen, im Körper oder außerhalb? Wie fühlt es sich an? Nachdem Sie den Gefühlen eine Form gegeben haben, können Sie diese Form und Empfindung verändern und transformieren. Vielleicht wird dieses Objekt kleiner, geht aus dem Körper heraus, verändert die Farbe. Lassen Sie diese Veränderung von selbst geschehen, Ihr Unbewusstes wird Sie leiten und vielleicht auch überraschen. Und mit dieser Veränderung des Objektes verändert sich auch das Gefühl. Wo zuvor das Negative überwogen hat, hat es sich vielleicht neutralisiert oder ins Positive transformiert.

Dauer:

10–15 Minuten

Wirkung:

Selbsthypnose, kognitive Umstrukturierung, gedankliches Abschalten, Entspannung, Stressabbau

Die Zeit verlangsamen

„Wenn du es eilig hast, gehe langsam."
Aus Japan

Die Übung:

Wie schnell die Zeit vergeht, wird weniger von äußeren Einflüssen bestimmt, sondern ist von unserer Wahrnehmung abhängig. Unter Zeitdruck wird die Zeit meist zu kurz, beim Warten dehnt sie sich ins schier Endlose aus.
Sie können die Zeit verlangsamen, indem Sie die Dinge, die Sie tun, bewusst ganz langsam erledigen. Lassen Sie sich zum Beispiel beim Weg zur Arbeit oder nach Hause bewusst Zeit. Verlangsamen Sie Ihren Schritt, drosseln Sie das Tempo, fast so wie in Zeitlupe. Setzen Sie einen Schritt bedächtig vor den anderen, nehmen Sie sich Zeit, wenn Sie Mantel oder Jacke anziehen und Ihre Unterlagen zusammenpacken. Lassen Sie anderen Menschen auf der Straße oder im Büro den Vortritt und beobachten Sie die Reaktionen darauf.
Wie geht es Ihnen dabei? Sie werden wahrscheinlich feststellen, dass mit dieser Übung die Hektik des Alltags abnimmt, Sie wesentlich ruhiger bleiben und gleichzeitig das Gefühl entsteht, mehr Zeit zu haben.

Dauer:

5–10 Minuten

Wirkung:

Achtsamkeit, Entspannung, Selbstreflexion, kognitive Umstrukturierung, Stressabbau, Stärkung des inneren Gleichgewichtes

Inhalt

Einleitung **6**
Übungen
  1. Achtsames Gehen mit Fokus auf den Körper 11
  2. Achtsamkeitsmeditation mit Fokus auf den Atem 13
  3. Aus negativen Gedankenkreisen aussteigen: Perfektionismus .. 14
  4. Die Kraft von Stille und Konzentration 17
  5. Klarheit des Denkens und Fühlens 19
  6. Der Fels in der Brandung:
     Selbsthypnose zur Förderung innerer Stärke 21
  7. Die 5-4-3-2-1-Methode 23
  8. Aus negativen Gedankenkreisen aussteigen: Überforderung ... 24
  9. Das Schöne im Alltag beachten 27
10. Achtsamkeit beim Sport 29
11. Anuloma Viloma – Die Wechselatmung 33
12. Ruhe und Gelassenheit 35
13. Achtsamkeitsmeditation mit Body Scan 37
14. Wasser-Meditation 38
15. Das Wesen hinter den Dingen 41
16. Die Welt umarmen 43
17. Die Staubsauger-Übung:
    Progressive Muskelentspannung kompakt 45
18. Den eigenen Rhythmus erkennen 47
19. Die Teezeremonie 48
20. Achtsames Musikhören 51
21. Powernap – Der Energieschlaf 55
22. Selbsthypnose: Lebendigkeit, Freude und Energie 57
23. Genießen im Alltag und Probleme ablegen 59
24. Neue Wege gehen 61
25. Kapalabhati – Der leuchtende Schädel 62

26. Der Gong – Stillübung 65
27. Die Rosinen-Übung 67
28. Selbsthypnose: Loslassen und Problemlösen 69
29. Fingerchaos 71
30. Body-Scan im Alltag 72
31. Der Aufmerksamkeitsscheinwerfer nach außen: Sehen 75
32. Der Aufmerksamkeitsscheinwerfer nach außen: Hören 76
33. Der Aufmerksamkeitsscheinwerfer auf Weitwinkel 79
34. Das Morgenritual: Achtsames Duschen 80
35. Das Abendritual: Achtsames Einschlafen 83
36. Musik zum Träumen 85
37. Mit Achtsamkeit körperliche Beschwerden transformieren 87
38. Achtsamkeit beim Lesen 89
39. Selbsthypnose: Fest verankert wie ein Baum 93
40. Kopfrollen 95
41. Die Ruhe- und Schwereübung 97
42. Die Wärmeübung 98
43. Die Herzübung 101
44. Die Kerzen-Meditation 103
45. Die entspannte Bauchatmung 104
46. Hindernisse überwinden 107
47. Das Abendritual: Die Traum-Selbsthypnose 109
48. Nahrung für die Seele – Das Lebensrad der fünf Speichen 111
49. Das Haus als Spiegel der Seele 112
50. Achtsames Miteinander 115
51. Negative Emotionen transformieren 117
52. Die Zeit verlangsamen 119

Anhang 124

Anhang

Welche Übungen sind für welche Wirkung geeignet?

Achtsamkeit: S. 11, 13, 14, 17, 19, 23, 24, 27, 29, 33, 37, 38, 41, 43, 45, 47, 48, 51, 59, 61, 62, 65, 67, 71, 72, 75, 76, 79, 80, 83, 87, 89, 95, 97, 98, 101, 103, 112, 115, 119

Entspannung: S. 35, 37, 38, 43, 45, 48, 51, 55, 57, 67, 71, 72, 75, 76, 79, 80, 83, 85, 87, 89, 95, 97, 98, 101, 103, 104, 109, 117, 119

Förderung von Kraft und Energie: S. 11, 13, 17, 19, 21, 23, 27, 29, 33, 38, 43, 51, 55, 57, 59, 62, 80, 85, 93, 103, 107, 112

Gedankliches Abschalten: S. 11, 13, 14, 21, 23, 24, 27, 33, 35, 37, 38, 43, 45, 48, 51, 55, 57, 62, 65, 67, 71, 75, 76, 79, 80, 83, 85, 87, 89, 93, 95, 97, 98, 101, 103, 104, 109, 117

Kognitive Umstrukturierung: S. 14, 24, 41, 47, 61, 69, 87, 93, 107, 109, 111, 117, 119
Die Kognitive Umstrukturierung ist eine psychologische Methode, um negative Gedanken verändern zu lernen. Dabei werden die automatischen Gedanken, die in bestimmten belastenden Situationen auftreten, bewusst wahrgenommen, analysiert und verändert. Wie bei einem Experiment werden die negativen Gedanken auf ihre Glaubwürdigkeit überprüft und alternative Sichtweisen in den Vordergrund gerückt. Dadurch wird der Gedankenkreislauf unterbrochen und der Aufmerksamkeitsfokus weg vom Problem und hin zur Lösung gelenkt. Ausführliche Informationen zur kognitiven Umstrukturierung finden Sie in meinem Buch „Nicht immer denken. Die Kraft von Achtsamkeit, Stille und Konzentration."

Konzentration: S. 17, 33, 41, 62, 65, 67, 71, 72, 75, 76, 79, 80, 89, 97, 98, 101, 103

Meditation: S. 17, 19, 23, 33, 37, 38, 43, 48, 51, 62, 65, 67, 71, 75, 76, 79, 83, 95, 103, 104

Selbsthypnose: S. 21, 35, 57, 69, 75, 76, 79, 85, 93, 97, 98, 101, 109, 117

Selbstreflexion: S. 14, 24, 41, 47, 61, 69, 107, 111, 112, 115, 119

Stärkung des inneren Gleichgewichtes: S. 11, 13, 17, 19, 21, 23, 27, 29, 33, 35, 38, 41, 43, 47, 48, 55, 57, 62, 67, 72, 80, 85, 93, 97, 98, 101, 104, 109, 111, 112, 119

Stressabbau: S. 11, 13, 14, 21, 23, 24, 27, 29, 33, 35, 37, 38, 41, 43, 45, 47, 48, 51, 55, 57, 59, 62, 65, 67, 69, 71, 72, 75, 76, 79, 80, 83, 85, 87, 89, 93, 95, 97, 98, 101, 103, 104, 107, 109, 111, 115, 117, 119

Bildquellen

S. 2–3: © Csondy – istockphoto.com; S. 5: © Wenhao Zhu – fotolia.com;
S. 8–9: © racamani – fotolia.com; S. 10: © naypong – fotolia.com;
S. 12: © miunicaneurona – fotolia.com; S. 15: © Laurent Hamels – fotolia.com;
S. 16: © wusuowei – fotolia.com; S. 18: © trebro – fotolia.com; S. 20: © silver-john – fotolia.com; S. 22: © Kulicki – istockphoto.com; S. 25: © ivan kmit – fotolia.com;
S. 26: © phoopanotpics – fotolia.com; S. 28: © Bartosz Hadyniak – istockphoto.com;
S. 30–31: © DN6 – fotolia.com; S. 32: © byheaven – fotolia.com; S. 34: © Fons Laure – fotolia.com; S. 36: © cmfotoworks – istockphoto.com; S. 39: © Delphotostock – fotolia.com; S. 40: © PerfectLazybones – fotolia.com; S. 42: © Daniel Prudek – fotolia.com; S. 44: © Marco Govel – fotolia.com; S. 46: © Fotoschlick – fotolia.com;
S. 49: © Sablin – istockphoto.com; S. 50: © juan_g_aunion – fotolia.com;
S. 52–53: © Zzvet – istockphoto.com; S. 54: © Xavier Arnau – istockphoto.com;
S. 56: © foto_images – fotolia.com; S. 58: © Mariusz Prusaczyk – fotolia.com;
S. 60: © shirophoto – fotolia.com; S. 63: © Unclesam – fotolia.com;
S. 64: © jd-photodesign – fotolia.com; S. 66: © inma ff – fotolia.com;
S. 68: © Nikada – istockphoto.com; S. 70: © Ana Blazic Pavlovic – fotolia.com;
S. 73: © Galyna Andrushko – fotolia.com; S. 74: © Alexander Yakovlev – fotolia.com;
S. 77: © sritangphoto – fotolia.com; S. 78: © shayes17 – istockphoto.com;
S. 81: © amridesign – fotolia.com; S. 82: © likephotoman – fotolia.com;
S. 84: © BrettCharlton – istockphoto.com; S. 86: © Mariusz Prusaczyk – fotolia.com;
S. 88: © kickimages – istockphoto.com; S. 90–91: © Konstantin Romanov – fotolia.com;
S. 92: © fabio lamanna – fotolia.com; S. 94: © KK-Foto – fotolia.com;
S. 96: © lightofchairat – fotolia.com; S. 99: © LuckyImages – fotolia.com;
S. 100: © jd-photodesign – fotolia.com; S. 102: © Andrey Armyagov – fotolia.com;
S. 105: © Prashant ZI – fotolia.com; S. 106: © torsakarin – fotolia.com;
S. 108: © Dutourdumonde – fotolia.com; S. 110: © Reimer - Pixelvario – fotolia.com;
S. 113: © e_rasmus – istockphoto.com; S. 114: © Ocskay Bence – fotolia.com;
S. 116: © queen21 – fotolia.com; S. 118: © f9photos – istockphoto.com;
S. 120–121: © anitasstudio – fotolia.com

Dr. Norman Schmid
Nicht immer denken
Die Kraft von Achtsamkeit, Stille und Konzentration

maudrich 2014, 216 Seiten,
durchgehend 4-farbig, Klappenbroschur
EUR (A) 19,90 / EUR (D) 19,40
ISBN 978-3-85175-992-1

Abschalten ist erlernbar!
Wie bringe ich meinen rastlosen Geist endlich zur Ruhe? Wie werde ich ausgeglichen, gesund und leistungsfähig – und bleibe es auch?
Unser Gehirn ist rund um die Uhr auf Volllast, unser Alltag geprägt von Leistungsdruck und Reizüberflutung. Spielräume für Rückzug, Achtsamkeit und Konzentration sind selten geworden. Dieses Buch macht verständlich, wie Gedanken für die Entwicklung von Burnout, Schlafstörungen und Co. verantwortlich sind und zeigt, welche Wege wieder herausführen.

Ihr PLUS:
- Achtsamkeit, Hypnose, Kognitive Umstrukturierung und Neurofeedback zur Kontrolle der eigenen Gedanken
- Strategien: Wie kann ich meine Gedanken lenken?
- Schritt für Schritt: Anleitungen für die Umsetzung zu Hause
- Mit anschaulichen Fallbeispielen zu Burnout, Schlafstörung, Angst, Depression, Schmerz und Trauma

Dr. Norman Schmid
Mein Weg in die Entspannung

maudrich 2013, 192 Seiten,
durchgehend farbig, zahlr. Abb. und Tab.,
Klappenbroschur
inkl. Audio-CD & Beiheft (Selbsttest)
EUR 22,00 (A) / EUR 21,40 (D)
ISBN 978-3-85175-978-5

Einfach entspannt!
Was uns entspannt, ist ebenso individuell wie unsere Persönlichkeit. Finden Sie in vier einfachen Schritten heraus, welche Entspannungstechnik Ihre individuellen Stress-Symptome am effektivsten bekämpft.
Mit detaillierten, anschaulichen Anleitungen zu sieben bewährten Entspannungsmethoden und einem psychologisch geprüften Selbsttest!

Ihr PLUS:
- Die sieben Entspannungsmethoden im Überblick:
  - Atemtraining
  - Progressive Muskelentspannung – reloaded
  - Autogenes Training
  - Achtsamkeits-Meditation
  - Imagination
  - Biofeedback
  - Neurofeedback
- Selbsttest: Welche Methode hilft bei meinem Stressprofil?
- Hochwertige Audio-CD mit Übungsanleitungen und Entspannungsmusik